料理人として活躍するための

至高の座学

技術よりも大事な7つの教え

全日本調理師協会
名誉副会長　麻生　繁

イースト・プレス

私のところから巣立って行った２０００人程の若き精鋭たちは、今では立派に料理人として活躍し、たくさんの方々においしい料理と、感動と喜びをお届けしています。誌面に限りがあるので、10名ほどになりますが、その仕事ぶりを少し紹介いたします。

（２０２５年現在）

上・**祝肴**　結び叩《たた》き牛蒡《ごぼう》　田作り／黒丸祝い松葉刺し／日陰蔓《ひかげかつら》

下・**座付き　餅花最中**　結び柳／金箔唐墨《きんぱくからすみ》／千社唐《ちしゃとう》西京漬け／胡桃花梨糖《くるみかりんとう》　**編笠柚子《あみがさゆず》赤飯包み**　銀餡《ぎんあん》／丘鹿尾菜《おかひじき》

【下呂温泉水明館】総料理長

池田 真悟 氏

右上・**煮物椀　白味噌仕立て**　亀甲海老芋／紅白梅／餅銀杏／鶯菜《おうな》／芥子／松葉柚子

左上・**土瓶蒸し鱧《はも》丸仕立て**　鱧／松茸／銀杏／三つ葉／酢橘

中央・**椿寿司**　赤蕪酢漬け／千枚蕪／いか／サーモン／黄味香煎／いくら

右下・**止肴　鮑《あわび》殻盛り**　鮑柔か煮／数の子／青味大根／酢取茗荷／重湯敷《おもゆしき》／叩き木の芽ゼリー／奥飛騨キャビア

左下・**黒豆ゼリー寄せ**

上・季菜　亥の子小豆白玉／カボス釜／水菜／黄菊／いくら／鯖《さば》市松寿司／白仙栗／いちょう玉子／車海老／温燻砧巻《きぬたまき》／銀杏と子持ち若布の松葉刺し

下・造り　紅葉鯛／甘海老／山葵／岩茸／酢立煎塩

【東京イーストサイドホテル櫂会　日本料理あけくれ】

料理長
石山　仙宙　氏

上・**御椀　白味噌仕立て**　蒸鮑／紅葉人参／鶯菜／松葉柚子

右下・**焼肴　真名鰹西京焼**　長芋昆布〆／焼百合根雲丹焼／酢取茗荷

左下・**酢物　ずわい蟹と菊菜の酢立酢和え**　白髪独活／生姜／花穂／菊花

上・**造里**　天然鯛桜葉〆／芽甘草／岩茸艶煮／山葵／煎酒／

山葵の葉盛り　筍昆布〆／うるい／たらの芽／蕨／花山葵／酢取茗荷／花弁百合根／辛子酢味噌

下・**煮物椀**　**潮仕立て**　蛤《はまぐり》黄味煮／よもぎ豆腐／車海老／干口子《ほしくちこ》／独活／木の芽

【和空間　花鏡　西陣】

店主

丸山　雅人　氏

上・**御飯**　**ちらし寿司**　車海老／焼き穴子／碓井豆《うすいまめ》／蓮根／香茸《こうたけ》艶煮／軸防風《じくぼうふう》／錦糸／木の芽／がり

下・**留肴**　赤貝／鳥貝／海松貝《みるがい》／菜種／黄味香煎／土筆／松葉に大徳寺納豆／生姜酢ジュレ

【下呂観光ホテル しょうげつ】

料理長

浜田 英輔 氏

上・**観菊《かんぎく》の宴《えん》**　菊酒　**先附**　**菊慈童《きくじどう》**　**不老長寿三趣**　すっぽん煮凍り／菊薯蕷《しょよ》寄せ／栗赤飯

右下・**焼物**　魳《かます》雲丹焼き／菊花粥掛け／焼茄子／空心菜／銀杏

左下・**炊合せ**　きせ綿／菊蕪／針鱶鰭《はりふかひれ》／鮑／青梗菜

【ホテルニューオウミ】

和食総料理長

井上 盛博 氏

上・**煮物椀　白味噌仕立て**　鰻白醤油焼き／冬瓜／茗荷／山椒

下・**焼肴**　オマール海老／万願寺／ズッキーニ／牛蒡のディップ／木の芽オイル

上・先附　**活鮎昆布〆加減酢ジュレ掛け**　蓼酢味噌／独活／茗荷／冬瓜
下・温物　**焼霜鱧と加減茄子煎り出汁餡**　芽葱／忍生姜／木の芽

【迎賓庵あけくれ】

料理長

田中 慎吾 氏

上・**焼肴　太刀魚手網焼き**　新生姜ソース／ズッキーニ／パプリカ甘酢掛け／アスパラ

下・**煮物椀　葵とろろ仕立て**　雲丹豆腐／若狭ぐじ酒蒸し／五色吹き流し／蓴菜《じゅんさい》／糸柚子

上・**春慶大徳寺縁高《しゅんけいだいとくじふちだか》にて**　鱒木の芽焼き／飯蛸《いいだこ》旨煮／木の芽／筍一杯醤油焼き／数の子床漬け／

手綱寿司／蝶丸十／菜種辛子和え／酢取茗荷局　赤貝／分葱／辛子酢味噌／紅蓼

御飯　蕗と油揚げのおにぎり

煮物椀　鶯仕立て　油目油霜《あぶらめあぶらしも》／蛤《はまぐり》黄身揚げ／蕨／花弁独活／木の芽

造里　鯒卯の花和え／鶯菜昆布締め／防風／花穂紫蘇

下・**扇面盛器《おおぎめんもりうつわ》にて　局《きょく》**　玉蜀黍《とうもろこし》の濁羹《だっかん》／枸《く》杞《こ》の実《み》　加茂茄子二色田楽／稚鮎餅粉揚げ／芥子蓮根／芋／蛸／南瓜／

針万願寺土佐和え／白瓜梅和え

煮物椀　清羹仕立て　トマト／冬瓜／黄味素麺／丘鹿尾菜

向附《むこうずけ》　水無月氷室豆腐《みなずきひむろとうふ》

御飯　鱧市松寿司　木の芽／梅肉

【京料理　花かがみ】

料理長

新道　翔太　氏

上・**松花堂弁当にて　口取り　局《きょく》**　生湯葉／山葵／出汁巻玉子／細丸十／秋鯖小袖寿司／酢橘／焼き百合根／銀杏／松葉唐墨大根

焼肴　金目鯛西京焼き　利休麩田楽／赤蕪酢漬け

酢肴　温州和え　蟹／平目／鳥貝／オレンジ／水晶文旦／グレープフルーツ／小線蕪／山海月／セロリ／防風／キャビア／柿酢

造里　ぐじ昆布〆　菊花／霰独活／煎り酒

煮物椀　丸仕立て　満月豆腐／群雲葱／法蓮草／露生姜

御飯　栗御飯

下・**若松四方皿にて　柚子釜**　ふぐ白子和え　鉄皮／浅月／赤卸し／ポン酢餡

鰆《さわら》西京焼き　有平／蟹錦糸巻／小倉蓮根／床節木の芽煮／いか黄味焼き／天上昆布／炙り千口子

煮物椀　薄葛仕立て　蟹蕪蒸し／姫蕪／霰柚子

造里　天然鯛湯洗いとあおりいか　松葉に赤蕪／莫大《ばくだい》／本山葵

御飯　唐墨粥　角餅

【有馬温泉銀水荘 兆楽】

総料理長

須田 大 氏

上・**造里**　鯛／赤貝／剣／岩茸艶煮／長芋／山葵／土佐醤油／伊勢海老昆布〆／干口子／水前寺海苔／山葵／穂紫蘇／煎り酒

右下・**進肴　渡蟹と海月《くらげ》**　紅ずわい蟹／菊花浸し／つる紫の穂／加減酢ジュレ／酢橘《すだち》絞り

左下・**煮物椀　白味噌仕立て**　福来鮑／のし蕪《かぶ》／姫蕪／芥子

【古都ならの宿　飛鳥荘】

料理長

野津　研吾　氏

上・**焼肴**　煮豆／鰯てり焼き／針生姜

下・**酢肴**　ずわい蟹／めかぶ／鬼おろし／吉野酢

【下呂温泉 水明館】

堀口大輔 氏

上・**前菜**　**男雛（右）**　独活／このこ掛け　　**女雛**　赤貝／アスパラ／黄味酢／玉あられ

蛤手綱寿司　飯蛸／蕨いか／慈姑松風／たらの芽／花弁百合根／串打ち／千社唐《ちしゃとう》／べっこう卵／菱餅

下・**止肴**　**貝盛り**　海松貝／平貝／草蘇鉄《くさそてつ》／うるい／若布／蝶ラレシ／加減酢ジュレ

紹介した、料理はいかがでしたか。

※料理人は順不同

料理人として活躍するための

至高の座学

技術よりも大事な7つの教え

はじめに――技術だけではやがて行き詰まる

この本を手にしたみなさんは、料理の道に進まれてまだ1、2年、あるいは今まさに、料理の世界に足を踏み入れようとしている人かもしれませんね。

人生の数ある選択肢の中から、私と同じ料理の道を選んでくれたことをうれしく思います。

私は17歳のときに料理の世界に入り、60年間ひたすらこの道を歩んできました。

この本はその私の経験を通して得たものを伝えることによって、若いみなさんが研鑽《けんさん》を積んで、いずれは料理長として取り仕切るような立場になったり、自分の店を構えたりできる立派な料理人に成長してほしいという思いからまとめさせていただきました。

本書では、料理人として身につけてほしい「意識」の話を中心に、7つの大事なことを「座学」という形でお話していこうと思います。

私は日本料理の世界に籍を置く身ですので、その立場、視点での話となりますが、きっと料理の世界以外にも共通する点は多いかと思います。どうぞ最後まで、楽しみながら読み進めてみてください。

実際に料理の世界に入るとなると、まず「修業」からスタートすることになります。さて、みなさんは料理の「修業」というとどんなイメージを持っていますか。「つらい」「厳しい」「我慢」など、どうしてもネガティブな言葉ばかりが浮かんできはしませんか？

映画やドラマ、マンガなどで描かれる姿から想像すると、朝から晩まで厳しく雑務に追われ、寝る時間も遊ぶひまもない……。そんな風に描かれているのを、目にすることもあるでしょう。しかし、実際には、そんなことはありません。もちろんラクではありませんが、寝る間もないほど働かされるようなことはないですし、休日もきちんとあります。

映画やドラマはフィクションの世界だとわかっていても、ちょっと誇張され過ぎているなと思います。

さて、ここでみなさん考えてみてください。

どの世界でも最初から何もしないでうまくいくことなんてありますか？

例えば、学校のテストはどうでしょう。勉強せずにいい点をとることできませんよね。きちんと授業を受けて、予習・復習をし、そしてテスト対策をするという「手順」を踏まなければ良い結果は残せないものです。

料理の世界もそれと同じです。「手順」がとても重要なのです。

料理の世界でもラクして成功を手にすることはできません。

成功するために、修業は欠かすことができない通り道なのです。

そして料理の仕事というのは、修業を積む価値がある楽しくてすばらしい仕事であると、私は声を大にして言いたい！

私と料理との出会いは、子どもの頃に祖母の作るおいしい料理に興味を持ったことからです。お手伝いのマネごとで祖母と一緒に料理をするうちに、自然と料理の楽しさを知ることになりました。「おいしいものを自分で作って、食べられる」ということがとてもうれしく、楽しかったのです。

それが、私が料理の道を目指す大きな要因にもなりました。

料理人になってからも、料理を作って、召し上がっていただいた方々に喜んでいただけるということは、私にとって最高の喜びでもあります。

しかし、楽しいだけでは仕事になりません。

現実的な話になりますが、やはりみなさんも頑張った分、それに見合ったものを欲しいというのが本音ですよね。料理の世界は、そうしたみなさんの思いに十分応えられる世界でもあります。

4、5年も努力すれば、料理長になれる人も多くいます。ある程度のポジションに就けば、他の職業と比べても自由になるお金はかなり多い方だと思います。

年俸だって1000万超えの料理長クラスはざらです。頑張ってお金を貯めて、自分の店を持つという夢。それをかなえている先輩方もたくさんいます。

もちろん日々の努力があってこその結果です。すべてを習得する「意識」を持ち、それを活かす方法を学び、忘れることなく、しっかりと知識を蓄えて一つ一つの技術に活かすことが必要なのです

どんな仕事でも同じでしょうが、真面目に前向きに仕事と向き合っていけば、大きな目標も必ず実現できる。これが料理の世界なのです。

もちろん、お金の面だけでなく、努力すればするほど料理の道を極めるという目標にも近づけるわけです。

そろそろ本題に入りたいと思いますが、その前に、もう一つ今、私が感じていることをお話しておこうと思います。

近年はタイパ（短時間で効果を得ること）という言葉が一般化し、何よりも優先されるような風潮があります。しかし、どうなのでしょうか。本当に習得できて、すべてが身についているのでしょうか。そもそも短時間で習得できるものなんて、どのくらいあるものなのでしょう。

なんとも忙しなく階段を駆け登っているだけのように思えます。急ぐほど、途中で踏み外し転落することも多くなるというのに……。

一歩一歩、しっかりと歩を進めること、自分の理想としたことに近づくこと、それのどこにムダを感じ、大変なことだと思うのでしょうか？

日々経験を積み重ね、働く喜びを味わう。もちろん、イヤなことも苦労もあるでしょうし、時には転職を考えることだってあるでしょう。

しかし、どんな仕事に就いたとしても、悩みや迷いはあるはずです。若いときの悩みや迷いはムダではなく、やがて財産になる……ということを知ってほしかったことも本書を書いた動機の一つなのです。

みなさんはこんなことを聞いたことはありませんか。

人は経験豊富だと判断力があり、決断も早い。また、経験が少ない者は決断力が乏しく、自ら進む道も方向も見えないことがある。解決しないまま時間ばかりが過ぎて行く。ストレスもたまりやすくなる。

人によっては手っ取り早く海外で一旗揚げようと試みる人もいるでしょう。

海外で活躍している料理人やビジネスマンもたくさんいることは知っています。

しかし、成功することはそんなに簡単ではありません。「やっぱりダメだった……」と日本に戻って来てしまう人が多いことも耳にしています。

では、どうすれば国内でも海外でも活躍できるようになれるのか？　どうすれば経験豊かな人に、料理人として活躍できるようになれるのか？

本書の中では、そんな話にもふれてみようと思っています。私は料理人として過ごしてきましたから、料理人ならこうしたらいい、こんなふうに考えてみては、というようなことしか言えません……。

料理はアルバイト先で充分やってきましたから、料理専門学校を優秀な成績で卒業した、と自信たっぷりに私の元にやってくる新人もいます。

しかし、いざ現場に立ってみたら、現実はそんなに簡単ではありません。料理に関わる事柄の一つ一つを覚える。店のしきたり、見たこともない道具の使い方、お客様への心遣い、気配りのことなど、料理のこと以外にも知っているつもりだった、

だけではどうにもならない部分があるのです。

しばらくの間は、なぜそうするのか、どうすれば良いのかと疑問を抱くでしょう。会社勤めをしている人でも同じだと思います。

「大学では経済学を学びました」と言って入社しても、入社直後から会社経営の中枢の仕事に就けるとは限りません。「外回りの営業からやってください」と言われることもあると思います。

そんなときにはどうするでしょうか。自分で希望した会社だからと、少しは頑張ってみようとするのではありませんか。

みなさんも料理の世界に飛び込んだからには、がむしゃらに頑張ってみようと思うかもしれません。努力することはもちろん大切ですばらしいことです。新人時代はなんでも積極的に取り組むようにしてください。失敗しても良いのです。そこから学ぶことがあるなら、失敗も成長の糧です。物怖じすることなく、ぜひその若いパワーを発揮してください。

ただ、頑張り過ぎてもいけません。良い仕事をするためには、体も心も健康であることが重要です。

職場で楽しく、元気で過ごせるように、物事を前向きに進める思考を培っていけるように。この本を読んで、参考にしてほしいと思っています。

何年か経って料理人として新たな節目を迎えたときには、ぜひもう一度この本を開いてみてください。

新人時代のあなたがどんなことを考えていたか、経験とともにどう変化していったか。あなたの成長の軌跡をたどることができるはずです。

懐かしく感じながら、自分の成長を認識することは、きっと次へのステップアップにつながることでしょう。そうやって、時々は自分の歩いた道を振り返りながら、また前を向いて、楽しく料理人としての人生を歩んでいってもらえたらうれしく思います。

そして、これから料理人として活躍していくために、「技術だけではやがては行き詰まる」という言葉をどうぞ覚えておいてください。

料理人にとって技術は支柱です。しかし、その技術もなくては身につくことも活かすことも難しいものなのです。

この本には、料理人としての意識や感性を磨くヒントがたくさん詰まっています。技術とともに意識や感性も磨き上げ、みなさんがすばらしい料理人に成長することを期待しています。

目次

第1章

何よりも大切なこと

料理人の世界に足を踏み入れたばかりのみなさんや、これから料理人としてやっていきたいと考えている方たちにとって、技術を磨くことは大切なことです。しかし、技術の習得だけで立派な料理人になることは難しいと思ってください。

料理人として高みを目指すのならば、まずは意識改革に取り組むことが重要なのです。スポーツの世界においてよく「心・技・体」と言われますが、その「心」の部分ですね。

この章では、料理人として成長するために何よりも大切にしてほしい「意識」の持ち方について、次の7つのテーマに沿ってお話ししていきます。

1 「修業」という意識を捨てる
2 健康管理ができなければ料理人失格
3 料理人としての知識と教養を学ぶ
4 仕事(現場)に慣れる
5 誰のために作るのかを意識する
6 お客様一人一人を意識した「おもてなし」
7 日本料理の美意識を学ぶ

1「修業」という意識を捨てる

私のところには料理人を目指す多くの新人たちがやってきます。そして、料理の世界に進みたいのであれば、まず、「修業」に対するマイナスのイメージを頭の中から消してもらいたいと教えています。

自分はなぜこの道を選んだのか、数多くある選択肢の中からどうして「料理人」が良かったのかを思い返していただき、ここには「修業に来た」ではなく、「働きに来た」のだという意識を強く持ってほしいからです。

「修業」だと思っていると、メンタルが受け身となりすべてが我慢、我慢の連続になってしまいます。自分の考えや思いは、まったく通らず、指示されるままでは……、と考えることが広がり、この先耐えられるかなど、自分が弱気になって、簡単な仕事でも積極的にできなくなってしまうからですね。

「この修業は先が見えない」、「続けられるかな」、「料理と違う世界のほうが自分には向いてるんじゃないかな」など常にマイナスなことばかり考えてしまいます。

しかしこれを「働く」と意識するとどうでしょう。みなさんの考え方も動きも変わってきます。

仕事としてとらえることができれば、自分が頑張った分の給料を手にする楽しみや、毎日少しずつでも技術を覚える喜びを感じやすいはずです。始めは多少ぼんやりとしていても日々それを積み重ねていく中「仕事をしっかりと覚えるために、ここで働いている」という頑固たる意識に変わってくるはずです。

「修業」ではなく「仕事」。このことは今後も忘れずにいてください。

あなたが料理人を目指して私の店を訪れたのは、自分自身で考え、選んだ結果であるはずです。

どこかの店でアルバイトをしたり、調理師学校に通ったりという経験の中から、日本料理をやってみたい、日本料理なら京都に行こう！　と、そんなふうに……。

つまり、イヤイヤこの道にやってきたのではないわけですね。そうなると仕事への取り組み方というのは本来自然と定まってくるはずなのです。

学生時代を振り返ってみてください。例えばあなたが野球部に所属していて、一所懸命に練習に励んでいたとします。そのときのあなたはきっと野球が大好きで、情熱を注いで打ち込んでいたことでしょう。

料理人という仕事を選んだみなさんには、それと同じであってほしいと思います。好きで選んだ道なのだから、野球と同じように一所懸命に取り組めるはずです。野球でホームランを打ちたいと打席に立っていたとしても、何もせずに打てるわけはありませんよね。ホームランを打てるように、必死にトレーニングをしていたはずです。泥まみれになって練習に励んだはずです。

仕事だって同じことです。立派な料理人になるために一所懸命に仕事に取り組む。トレーニングだと思えば、そう難しくはないはずです。

野球だって水泳だって、アルバイトだっていい。何かに打ち込んだ経験があれば、その感覚を仕事にも活かしていけばいいのです。

実際に板場（調理場）に立つようになったとき、最初に意識してもらいたいのはとにかく動くことです。

今すべきことが瞬時に判断できるようになっていくことが第一歩です。そのためには「次に何をしたら良いのか」と先輩方に聞く前に、まずは自分の頭で考える習慣をつけてください。そのような意識で現場に入ると2週間もすれば、板場の動きを見て、次に自分が何をするべきなのかがだいたいわかるようになってきます。

はじめての板場での仕事は、洗い物からスタートすることが多いでしょう。最初の頃は、余裕がないので次から次へとやってくる洗い物に、追い立てられることになるかと思います。しかし、本当に洗い物だけやっていればいいのか、それだけで十分なのかと考えてみる。周りを見回して、片づいていない道具や器の整理をしてみる。それでもまだ時間があるようだったら、そこではじめて先輩に聞いて次の仕事をする。

このように、次のステップを考えながら仕事をしていくことが重要なのです。

はじめてだから、わからないから、ただ言われたままのことをやる、ということではなく、まずは自分の頭で考え、そして行動に移すという主体性を持って仕事をするということが大事です。

料理人としての第一歩が掃除や洗い物だと言うと昔ながらの「修業」をイメージする人もいるかもしれませんね。

しかし掃除や洗い物は、どんなときでも生活の基本です。板場に入り立てでまだ何も知らない新人だとしても、洗い物や掃除ならできますよね。

新人の自分にもできることがあるんだと気づくことができれば、今、自分が洗い物をすることの意味が理解できるはずです。決して押しつけられた仕事ではないのです。

自分が受け持つ仕事の本当の意味を理解して、意欲的に取り組んでいってほしいと思います。

2 健康管理ができなければ料理人失格

私は17歳のときに、福井県あわら市のあわら温泉「べにや」に入社して、日本料理の道に入りました。それから78歳になる今日まで、ほぼ毎日板場に立って、料理に携わってきました。

自分でも驚くのですが、あっという間に60年の歳月が流れました。長い間料理の世界で生きてこられたわけですが、その最大の要因は、私が健康だったということに尽きるのではないかと思っています。

もちろん、料理の技術も自分なりに精進してきたという自負はありますが、元プロレスラーで国会議員でもあったアントニオ猪木氏の名ゼリフを借りれば、「元気があればなんでもできる！」ということなのです。

言い換えれば、「元気だったから料理の道を歩き続けられた」ということです。

幸いなことに、私は大きな病気をしたこともなく、風邪をひいたこともほとんどありません。

「体が丈夫なんですね」と言われてしまえばそれまでですが、体力勝負だけでは料理の世界を生き抜いてくることは無理だったと思います。

私は常に「健康」を意識してこの世界を生き抜いてきました。

日頃から健康的な生活を心がけることは、料理の世界に限ったことではありません。みなさんもよくおわかりでしょうが、健康な体は健全な精神につながると言われ、おろそかにはできません。

私たち料理人は、食を通してお客様の健康をお支えするのが務めです。そんな料理人自身が、健康な体と健全な心を持っていることが何より大事なのです。

料理人は、お客様に健康を提供するプロなのです。その自覚を忘れずに、仕事でもプライベートでも過ごしてほしいと思います。

そもそもの話、お客様と接する機会が多い仕事ですので、例えば、お客様に風邪を移してしまうとか、ゴホ、ゴホ咳をしてお客様に不快な思いをさせてしまったら、いくら料理がおいしくてもすべてを台なしにしてしまいます。

お客様に喜んで料理を召し上がっていただくためには、料理人は体調を整え、健康（元気）でいなければなりません。

ここを意識しておかないと料理人として大成することは難しいかと思います。

私は「健康」であるために、次の6点が重要だと思っています。

- 睡眠時間をしっかりとる
- タバコは吸わない
- 深酒をしない
- 清潔にする
- 自分に負けない、先輩や友人たちの誘惑に負けない
- ストレスをためない

まずは睡眠時間の話です。

寝不足は疲れを招くことになり、それが病気にもつながります。

体調が悪いからといってお店をしょっちゅう休むわけにはいきません。健康でなければ

お店にもお客様にも迷惑をかけてしまいます。

仕事が終わって自分の用事が済んだらすぐに寝るということを習慣づけましょう。

睡眠時間が足りないと健康に良くないだけではなく、次の日の仕事に影響が必ず出ます。あくびばかりして仕事に集中できないと、仕事の効率も悪くなりますし、うっかりミスや最悪の場合は怪我につながります。

仕事場で最大のパフォーマンスを発揮するために睡眠はとても重要なのです。

メジャーリーグベースボールで活躍する大谷翔平選手は睡眠がとても大事だと語っており最低でも1日10〜12時間の睡眠時間を取るそうです。

多くの観客に喜んでもらうためには、体調をベストの状態にして良い結果を出す。一流選手が良いお手本を示してくれています。

栄養バランスの良い食事を摂り、適度な運動を心がけ、積極的に歩く。そして、しっかりと睡眠を取る。

2つめのタバコについては料理人であれば当然のことですよね。

料理人にとって命と言うべきものは、「味覚」です。「甘み」「塩み」「酸み」「苦み」「辛み」

という「五味」を舌で感じるわけですが、タバコを吸うことで体内の亜鉛が欠乏し、味覚障害が起こるといわれています。またニコチンやタールによって「苦み」を感じにくくなります。

自分の作った料理の味を確認できなければ、自信を持ってお客様に料理をお出しすることはできません。

また、喫煙によって舌が傷つき、舌ガンなどのリスクも高まります。喫煙は、ガンだけではなく、狭心症、心筋梗塞、脳卒中、肺疾患など、さまざまな病気の原因にもなります。

喫煙は、「百害あって一利なし」です。

3つめの深酒については「睡眠時間」「喫煙」の話ともつながります。

食事のときや仕事終わりにお酒を飲むことはあるでしょう。

友人や先輩に誘われて飲みに行くことは私も若い時分にたくさんありました。ほどほどの飲酒はいいかと思います。

先輩から貴重な話も聞けたりする場でもあるし、仕事が終わってリラックスできる時間でもあるかと思います。

ただ、度を超す飲酒は、睡眠時間を削《けず》ることにもなりますし、飲酒による病気を招いたりもします。

長年の深酒がたたって糖尿病になり、それによって味覚障害を起こしたりします。味覚障害になると味の濃さもわからなくなり、料理の味つけがやたら塩っ辛くなってしまったり、料理人としてはやっていけなくなります。

また、お酒が原因で肝臓を悪くし、肝硬変や肝臓がんになった料理人を私はたくさん見てきました。

ほどほどにしておきましょう。

４つめの清潔について、これも料理人なら当たり前ですね。

みなさんも幼いころ遊びから家に帰ってきた時に「手と顔を洗って。次はうがいをして」とおばあちゃんやお母さんから言われていたことを思い出しませんか。

手洗い、洗顔、うがいは病気やウイルスから身を守る先人たちから受け継がれてきた教えなのです。つまり清潔にすることが健康を守る第一歩なのです。

世界中を震撼《しんかん》させた新型コロナウイルスの感染拡大時にも、感染予防対策として、こまめな手洗い、消毒、うがい、入浴をすることが推奨されていましたよね。

料理人の場合、自分の身を守る以上にお客様の身を守るという点が大きいのは言うまでもありません。そしてもう一つ、お客様にとって清潔感のない料理人はNGです。どれだけ清潔に気を配っている”つもり“でも、そう見えなければ意味がありません。作業着、頭髪、爪、体臭、口臭には気を配りましょう。料理は一流でも、作っている人が不潔に見えたら終わりです。

5つめの自分に負けない、というのはとても難しいことかもしれません。しかし、ここを肝に命じていないと仕事は長く続けられません。

若いときには誘惑も多く、仕事より遊びに気持ちがいきがちで、仕事のつらさから先輩や友人たちとの楽しい時間を優先してしまうことがあるでしょう。

ここで気をつけなければいけないのは「心の健康」を失わないということです。限度を越えだすと楽しいことに気を取られて仕事に身が入らなくなりせっかく目指した料理人の世界から去ることになることも……。

自分で自分をコントロールし、つらさから逃げない、誘惑に負けない強い心を持ちましょう。私も経験したことですが、いい友人・先輩もいれば、悪い友人・先輩もいます。酒、風俗、ギャンブルを後輩に教えて、のめり込んで行く姿を見て楽しんでいる不届き者もいたりしました。

そんな誘惑に負けないために、まずは自分に負けないことが大切なのです。先輩の誘いは断れないからといって流されないこと。断る勇気も必要です。

最後のストレスについては、「言うは易《やす》く行うは難《かた》し」です。

みなさんが仕事をしていく中で、数々のつらいことや厳しいことに直面することが出てくると思います。

仕事の覚えが悪い、職場での対人関係がうまくいかないなどなど・・・それによって、悩み、苦しみが、やがてストレスとなってきます。ストレスは病気の根源にもなります。

料理の世界だけに限ったことではありませんが、「ストレスを貯めない」、「ストレスをやり過ごす」ことが健康にはとても大切なことなのです。

つらいことや嫌なことはさっさと忘れるに限ります。ストレスを抱えてくよくよしていても何も変わりませんから。

かく言う私の場合も、つらいこと、うまくいかないこと、失敗したこと、そしてプライベートなことも含めて、悩んだことはたくさんあります。

私のストレス解消法は好きな本を読み、一晩ゆっくりと眠ること。このようなルーティンで、明日に持ち越さないようにしてきました。

ただし、ストレス解消法に関しては個人差があるので、私のやり方うんぬんよりも各自のやり方で対応してもらえればと思います。

健康の意識を持て、というお話をしてきましたが、どうしても日々の仕事に追われていると自分の健康のことは後回しになりがちです。しかし、健康であるということは、今後の料理人人生の基本になるところです。

常に「健康」でいるという意識をもって生活していただければと思います。

自分の健康は自分で守るしかありませんから。

3 料理人としての知識と教養を学ぶ

料理人としての知識や教養を身につけるためには、どんどん積極的に新しい経験をしていくことが大切です。

私の店では、若い子たちによる料理の展示会をやっています。京都ではもうずっとこの展示会を続けていますし、ときどき東京でもやっています。若い子たちにとってはこれも新しい経験であり、チャレンジ精神を養う機会になるだろうと思いから、そのような場を設けているのです。

自分で作った料理を人に見てもらうことで、客観的な気づきを得ることができます。展示会にいらっしゃるのは多くがプロであり、その方々が評価してくれるのですから、それはいい勉強になるはずですよね。

そして評価を受けたら、素直に耳を傾けてください。良い点も悪い点も、指摘されることがあると思います。

いたらなかった点を指摘されるのは耳が痛いでしょう。しかし、改善していけばいいだけの話です。自分の伸びしろを教えていただいたのだと前向きに捉えて、新たな気持ちでまた料理と向き合っていきましょう。

他店の良い所を素直に評価し、取り入れることも大事な勉強です。積極的にいろいろな店に行って、いろいろな料理を食べる習慣をつけてください。

飲食店というのは、10あれば10の個性があり、同じ店は一つとしてありません。入った店の数だけ、料理人としての学びやヒントがあるはずです。

食べ歩く中には、ここは自分の目指す店とはちょっと違うなとか、参考になる店ではなかったなと思うときもあるでしょう。失敗したかなと後悔することだってあるかもしれませんね。

しかし、そんな失敗も大きな経験なのです。どこが違ったのか、自分ならどう改善するか……。それを考えることこそ学びといえるでしょう。

そうやって自分の経験値を増やしていく、それが大事なことだと思います。

料理人として、より成長していきたいと思うのであれば、まずはどんな料理人になりたいのかのイメージをしっかりと持つことです。

５年後、10年後にどんな自分でありたいのか、例えば自分の店を持ちたいのか、それとも大きなホテルや旅館などの料理長になりたいのか。その目標を定めることを意識し、想像することが自分の出発点になるのです。ただし、それは働きはじめて、すぐに見つかるものでもないでしょうからまずは、目標とする先輩、憧れの料理人を見つけようにしてください。

仕事をはじめて1、2年もすれば、それまでの経験を通して、周りの人たちのすごい部分がわかってくるはずです。

この先輩は料理を提供するまでのスピードがすごく早いなとか、魚を捌《さば》くのが上手だなとか、身近にいる先輩や同僚の中にも目標にしたいと思える人がいるはずです。

「先輩は、どうしてそんなに早く料理をお出しできるのですか？」

「魚を捌くとき、どの包丁がいいのですか？」

話のきっかけとしては、先輩の手際の良さの話から始めるといいでしょう。まかないの食事ときなどには、旬の食材の話などを話題にして、積極的に話しかけてみてください。

周囲の人たちの働き方を見て、良いところにたくさん気づけるようになれば、視野も広がります。そうすると、職場だけではなく、他の場所でも見習いたいと思うようになるので、自然と外に目が向くようになるものです。

まずは、身近にいる同じ職場の先輩といろいろな話をしてみることを意識してください。同時に自分が勤めている店以外の人たちとも積極的に交流するように心がけてください。店の中にばかりいたら気づかないことも少なくありません。同じ場所から見ているだけでは視野は広がりませんから。


ご飯を食べに行って、カウンターに座れば料理人の手元や厨房《ちゅうぼう》の様子がわかるでしょう。そういう機会を逃してはいけません。何気なく入った店にでも、あなたの成長のヒントは隠されています。そう意識して、しっかりとアンテナを立てながら過ごすようにしてください。

また、料理人だからといって、料理人ばかりに注目するのではいけません。

例えば、将来ホテルのシェフとして働きたいのであれば、サービスを担当するマネージャーと話をしてみることも大切です。その人がすばらしいサービスしているなと感じたら、それをメモしておき、また別のホテルのマネージャーにも会って、くらべるなどしてみるのもいいでしょう。

あの人のサービスはこうだった、あの人はこういうやり方をしていたと、多くの人を見てくらべてください。すると、どのスタイルが自分の理想に近いのかがわかってくるはずです。

そうやってものを見極める力をつけていくことが重要です。個人差もありますが、2年もあればある程度の良し悪しはわかるようになるでしょう。逆に言えば2年続けることができれば、大体のことに判断がつくようになるということです。

いろいろな店に行って実際に食べてみること、料理人の仕事を自分の目で見てみること。さらに接客やサービスの様子も見てくることなどから、その店がどんな人たちの、どんな仕事で構成されているのかを、肌で感じてくることが大切なんですね。

積極的にいろいろな店を訪ね、食べ歩くことは自己投資だと思ってください。その数が増えれば増えるほど、目標とするべき人、するべき店などが、はっきりと見えるようになるはずですから。

ただ、そうは言っても毎日のように数万円もする料理店に足を運べというのは、新人のみなさんにとっては金銭的に厳しいでしょう。

ですから、私は新人たちに、参考になる店を紹介し、直接連絡を入れて「○○日に、伺わせます、よろしく」と、口添えすることもあります。

多くの経験ができ、金銭的な負担も少なくなるようにしています。新人たちではとうてい入れないような敷居の高い店なら、私が誘って連れて行くようにもしています。目的にすべき料理人を見つけたとしても、その人がすでにこの業界で活躍する高名な人だったとしたら、いきなり店を訪ねても、声をかけることすら難しいかもしれません。そういうときは私が橋渡しをすることもあります。

2、3年働いてきた仕事ぶりや適性を見て、ここに行ってみてはどうかと紹介することもできると思います。ですからまずは、あなた自身がどんな料理人になりたいかを考えながら、その理想に近い人を探してみてください。

将来的に自分の店を立ち上げようと考えている人も少なくないと思います。そうなると料理人としてどうなりたいかだけでは解決できないことがたくさん出て来ると思います。

とはいえ、料理人は料理人以外の視点を持つことは容易ではありません。そんなときには相談する相手がいると心強いですよね。例えば、サービスを担当する人を知っていたら、お店のイメージをどういう路線にしようかと相談することもできますよね。

先程ホテルのシェフとして働きたい場合の例として料理人だけでに目を向けるのはよろしくないという話をしましたが、ここにも通じている話です。異業種というか、同じ飲食業界の中で異なるの役割をする人とつき合うことは、自分の将来を広げるためにも重要なことなんです。

料理人はおいしい料理を作ることができればそれで良いという。そんな時代もありました。しかし今の時代、料理人は厨房に籠《こも》っているだけで完結する仕事ではなくなってきています。

いわゆる「縦の関係」だけでなく、料理以外の部分を担《にな》う人たちとの「横の関係」も意識し、うまく連携をとっていくことが求められるのです。

ぜひ視野を広く持って、たくさんの人と交流していってください。

4 仕事に(職場)に慣れる

板場(調理場)で仕事をしていると、段取りや手際の良さを求められることが少なくありません。新人のあなたは焦ったり、戸惑ったりしてしまうかもしれませんね。段取りは経験を積むことで覚えていくものですから自然と身につきます。ですから焦らず、最初の2年で「考えながら動く習慣」を身につけることを忘れないでくださいね。

それでも、うまくいかないことだってあるでしょう。自分の取得スピードがほかの新人よりも遅いのがと悩むことだってあるかもしれません。

それでも焦ることはありません。初めから何でもうまくこなせる人などほとんどいませんから。諦めずに最後までやり遂げるということが大切なのです。

以前うちの店で働いていた新人の中に、何をやらしても不器用なタイプがいました。この料理の世界でやっていけるのかなと私が心配したくらいです。

でも彼は10年後に、立派な料理長になっています。最初はうまく動けなくても、諦めなければいずれはできるようになるという証明です。

何度壁にぶつかっても焦らずに考える習慣をつけていきましょう。

例えば、うまくいかないことがあれば、他の人より早く職場に来てその準備をするとか、そういう工夫をしていけばいいわけです。

人より少し時間がかかることを自覚しているのなら、その分を工夫して埋めればいい。そういう心構えを持てているのなら、その人は大丈夫、必ずうまくやっていけます。

繰り返しやっていれば、その人なりの段取りはできるようになります。それも能力のうちだと思いますね。

5 誰のために作るのかを意識する

みなさんが板場（調理場）で調理をするとき、誰のために調理をするのかを考えた（意識した）ことはありますか？

お客様のため、お客様に喜んでもらうため、と考える人が多いかもしれませんね。

でも、私の考えは少し違います。

まずは「自分のためになる調理」をすることが大切です。私はときどき新人の子にも「これ食べてみたか？」と聞くんです。自分がおいしいと感じた料理なら、お客様にも自信を持ってお出しできるでしょう。お客様のことを本当に想うのであれば、まずは自分が食べてみることが大事です。

いわば「自分のためになる調理の意識」となりますが、もちろん独《ひと》りよがりの調理のことではありません。お客様に最高のものをお出しできるための意識を表しているのです。

「今日はおいしい鯛が入りました」という言葉も、実際に自分が一切れでも食べていなかったら、説得力がありませんよね。

お客様に喜んでもらおうと思ったら、まずは自分が「おいしい、これなら！」と思えるものでなくてはダメです。この鯛だったら間違いなくお客様に喜んでもらえると確信できることが大事なことなのです。

新鮮な魚でも、1日目、2日目と、少しずつ味は変化していきます。魚によっては切り分けたばかりの物よりも2日目の方が味、風味が良くなるものもあるのです。お客様にお出しする前に、まず、自分は切れ端などを口にし、味を確かめてみる。

炊き合わせなどを先輩が作ったとき、「一ついただいていいですか？」と確認し、小皿にもらって、食べてみる。

素材の味が活かされているのならば、しっかりとその味を覚えておくといいでしょう。だしや調味料の使い方によっては、素材を殺してしまうこともあります。ですから、何度も言いますが、まずは、自分がおいしいと思えるものを作る。そして「食べてみる」。

この基本的なこともいつでも意識していてほしいですね。

6 お客様一人一人に合わせた「おもてなし」

「まずは自分のためになる調理」を、という話をしましたが、同時にお客様に料理を合わせるということももちろん大事です。

これは「お客様一人一人に対応する意識を持つ」ということです。

例えば、今日の料理が鮑だとします。その日のお客様が若い方なのか、年配の方なのか。それによって出し方を考える必要があると思います。

また、肉にはいろいろな部位があります。どの部位はうまみが強いのか、またさっぱりしているのか。どの部位が柔らかく、また歯応えがあるのか。まずは自分で食べてみて、今日のお客様が年配の方だったら、この部位は硬くて食べにくくないか、大丈夫か……。そういう意識と視点を持って考えながら、食べてみる習慣をつけてほしいですね。

お客様一人一人に合わせた「おもてなし」は、その方の味の好みについても考慮しなくてはなりません。いつも足を運んでくださるお客様なら、それまでの情報で味のお好みもわかるはずです。

板場の先輩やサービス担当の人などが把握している情報は、お客様に寄り添った「おもてなし」をするための大きなヒントになります。

初めてのお客様であれば、その方がどこから来られた方なのかを考慮に入れることも一つの手法です。

関東の方なら、ほんの少し味を調整して濃いめに、関西の、特に京都周辺の方なら薄味で深みのある味わいを提供するなどの心遣いがあってこそ、極上の「おもてなし」ができるというものです。

では、どのようにしてお客様を見分けるのでしょうか？　みなさんは不思議に思われるでしょう。

「いらっしゃいませ。こちらには新幹線で……」などと話しかけると、「東京は暑かったよ」などのたわいない会話のやり取りから、関東からのお客様だな、と対応のヒントがつかめます。

海外からのお客様でしたら英語で、「Are you on vacation?（ご旅行ですか？）」と尋ねてみたりする。日本料理を召し上がりになるのが初めてのご様子なら、箸も上手に使えないかもしれないと考え、お造り（刺身）なども箸でつかみやすいように少し厚めに切ってお出しするというようなていねいなサービスが大切です。

また女性のお客様でお腹も少し大きいようだと感じたら、妊婦さんである確率が高そうですから、お部屋にご案内するときなどは、足元への配慮が必要です。

もちろん、ご老人の方や体がご不自由なお客様への配慮や気遣いは、とても重要です。

お食事（料理）をお出しする前に、お客様の苦手な食材、アレルギーのことなども聞き、板場に伝え、対応することも料理人ならではの心得です。

豆知識

日本料理の食事のマナーについて

今の料理店では平場のテーブル席が大半を占めていますが、座敷席設けているお店も少なくありません。みなさんは、履物を脱いで座敷に上がる場合に心得があるのをご存じでしょうか。

まず座敷に上がる場合、前を向いて上がるのが正式なマナーです。背を向けて上がるのはダメです。履物をきちんとそろえられそうなので、こちらが正しいと思いがちですが日本料理店では、背を向けて上がるのは失礼にあたります。

日本料理店では、脱いだ後の履物はスタッフに任せるのがスマートな脱ぎ方なのです。

余談ですが、神社などでも、前を向いて上がるようにといわれています。

ナプキンは、料理が出される前に手に取り、食前酒や、お茶が運ばれてきたタイミングで、さりげなく長方形に半分折りにして、折り目を自分の方に向けて膝の上に置くのがマナーです。

懐紙を持参すると便利です。汁気の多い料理を口に運ぶとき、受け皿代わりに使ったり、口元、箸先の汚れを拭くことにも使えて重宝します。

利休箸《りきゅうばし》などの箸には紙が巻いてあります。この紙は破かないように一本ずつ抜き取るのがマナーと心得ておいてください。

いただき方の作法やマナーを紹介します。

前菜の小鉢は右手で器を持ち上げて左手に持ち換え、箸で一口ずつ食べます。

左利きの方は、料理が出されとき、さりげなく店の方に伝えるのが良いとされています。

八寸のように多くの料理が一度に盛られている皿は、持ち上げずに置いたまま、料理の手前左から順に食べます。一口食べて、別の料理に箸をつけるのは好ましくありません。食べ終えてから、次の料理に手をつけていってください。

手に収まる器は右手で器を持ち上げ、左手に持ち替える。そのとき箸は、右手で上から取り、左手の指の間に挟み、右手で下から持つのが美しいとされています。

串ものは箸で抑えて串を抜き、抜いた串は皿の向こう側におくと良いでしょう。

お椀をいただくとき、蓋つきの椀では、左手の親指と中指で椀を挟んで支え、右手で「の」の字を書くように、ゆっくりと廻し，蓋についたつゆを椀の中に落としつつ外します。蓋はお敷の右上に置きます。

はじめにお椀の中の景色の美しさと香りを楽しみ、つゆを一口味わってからお椀の椀種をいただきます。食べ終わったら、からのお椀に蓋を軽く右上にずらしてかぶせるように置きます。これが食べ終わりを示すサインとなります。

お造りをいただくとき、盛り合わせの場合は、手前もしくは白身魚など、淡白なものから貝類、赤身の順に食べ、盛りつけを崩さないようにするのが良いでしょう。

食べ方の美しい所作としては一切れにワサビをのせ、左手で醤油小皿を持ち、先端だけに醤油をつけていただくのがスマートです。

焼き物をいただくときは、左側から小さく切っていただきます。献立の華とも言われる料理です。

あしらいなどは右上に外してから食べてください。切り身もお頭つきも、器の左側から、一口大に切って口に運ぶのが美しい食べ方です。

殻つきの海老などは手を使いますが、器などを汚さずにいただきましょう。

魚の骨や食べ残しには、懐紙を山折りにして目隠しして置くことがマナーです。

炊き合わせは、器の蓋に取ってその中で、食材を切りながら食べるのが美しい食べ方とされています。

食べる順序は上から、または手前からです。蓋がない器に盛られているときは、器の中で一口大にしてからいただきます。

残った煮汁を味わう場合には左手で器の底を持ち、右手で側面を添えて持ち、ゆっくりと口にします。

ご飯をいただくときなどは、最初は椀物から（みそ汁や吸い物）口に運び、ご飯、香の物と交互に食べるのが良いとされています。香の物をご飯の上にのせて食べるのはマナー違反です。ご飯茶碗は持って食べ進め、梅干しの種などは箸で茶碗の蓋にのせます。また、おかわりをする場合は、茶碗の底にご飯を一口分残して差し出すことが作法です。

水物、今は食後のデザートなどと言われますが、お好みの順に食べていただいてけっこうです。ただし、ブドウの種などを出すときには、左手で懐紙などを持ち口元を隠すのが、スマートな所作とされています。

いろいろとマナーについて紹介しましたが、料理は料理人が丹精込めて作っています。肘をついての食事やスマホを見ながらの食事は、本来、我々日本人が求めてきた「食」を楽しむ姿ではありません。

日本料理をいただくときは、敬意を持って、美しい作法でいただいて欲しいですよね。

お客様にマナーを知っていただくためには、まず料理人である皆さんがマナーを知っていないといけません。

すぐにすべてを理解することは難しいですが、仕事をしながら常に意識してできるだけ早くマナーを把握しましょう。そして、お客様にさりげなく教えてあげましょう。

知っていれば、お客様が困っている場合にはお助けすることもできるし、マナーを知ることで、お客様により食事を楽しんでいただけることにもなるかと思います。

7 日本料理の美意識を学ぶ

「創造は模倣から始まる」（トルストイ）という言葉があります。芸術に対しての言葉ですが、マネすることから先人の教えを理解し、新しいアイデアにつなげる……ということです。

この考えは料理にも相通じるもので、まずは先輩たちが受けついできた仕事ぶりや技術、そして感性（美意識）をマネして、良いところを取り入れていき、次に自分の料理に変えていく、という手順を踏みます。

ここで大きな注意ごとがあります。私が常に若い人たちに言っていることです。「料理人は芸術家ではない!!」もちろん料理に美意識を持つこと、磨くことで、お客様に、ひとときでも楽しんでいただき、喜んでいただけることはとても大事なことではあります。

しかし、それだけにとらわれていては本末転倒です。やはり、「お客様においしく召し上がっていただける料理をお出しする」ということを最優先に考えることが基本なのです。

美意識については、私が若い頃に弟子入りした料理店の親方から教わったことで、印象に残っていることがあります。

ある夏の午後、私たちは景色のいい庭を眺められる座敷で食事をしていました。

親方は料理人に尋ねます。

「ここでご飯を食べているのに、なんでこの葉っぱを器に飾りつけるのか!?」と。

そして、「せっかく緑豊かな庭を眺めながら食事を楽しんでいるのに、わざわざ皿の上に食べられもしない緑の葉っぱを置くのかね? 必要ないだろうよ」と。

ビルの中で庭もないような環境だったら葉っぱを飾ることはまだ意味があるかもしれません。

もし、葉を飾るなら紅葉の一枝を添えたりした方が、季節の先取りの演出で美しいはずです。


きれいな絵が描いてあるすばらしい器なのに、その絵の上にわざわざ葉っぱを置いてしまう。これは、今の若い料理人の飾りつけ（盛りつけ）にも、そういうことはよくあります。

器に描かれている絵の意味を理解していないからなのでしょうが、料理人として、このような美意識の欠如は本来あってはならないことなのです。

器とのバランスや食事をする場所、それに季節感など、全体の調和があってこそ、お客様は満足されるのです。

「いつ来ても、味、器、そして季節感などの調和がとれていて気持ちがいいね」と言われたり、「お椀の中の景色もいいよ」などと言われることこそ、日本料理の「美意識」のあり方なのです。そしてそれは、先人たちから受け継がれてきたとても大切なことなのです。

第2章

道具と食材について

料理人にとって道具は、身につけた技を活かしてくれる大切なものです。

例えば、包丁は、刺身などを引く（造る）ときには、刀のように刃が長く切れ味の鋭い刺身専用のものを使います。刺身などは、切り方によって味わいが変わってしまうと言われるほど繊細なので、どの包丁でもいいというわけにはいかないのです。

野菜などの皮をむくときは、刃先が丸く短いものを使っています。

また、魚の頭を切り落とすときは出刃包丁という厚みのある包丁を使います。

包丁は使い分けていますが、そのほかの道具も食材によっていろいろと使い分けるのです。


食材もまた扱い方や仕上げ方によって味や味つけの方法も変わってきます。

これはそれぞれの食材を活かした料理の一例ですが、焚き合わせの若竹煮では、筍は柔らかくなるまで茹でてから、醤油とだしと追い鰹で焚きます。塩ワカメはさっと茹でてからだしで柔らかく焚き、フキは板ずり（薄塩をまぶす）して皮をむき、吸い地だしに漬けておきます。これを一つの器に盛り合わせて、削りぶしを振りかけ、木の芽を添えます。

食材を別々に仕上げて、それぞれの食感や味の違いを楽しめるように仕上げるのです。

食材についてもう一つ言うと、お客様に満足いただける料理をお出しするためには、質の良さ（新鮮さ、味の確かさ）が料理の決め手になります。

ですから、扱い方を含めて食材に対する深い知識も料理人にとっては重要なのです。

日本料理には、四季折々の旬の素材を使って、見た目も味も最高のものをお出しするという醍醐味があります。そのためには多くの食材を知り、その特性を理解し、それを料理に活かすということを身につけなければなりません。そして、先の包丁などの道具は、食材を活かすためのものであり、そのために私たち料理人は、それを扱うための技術を磨くわけです。


この第2章はこれら大切な「道具」と「食材」がテーマです。

次の4つの項目にそってお話していきます。

1 道具の知識を深める
2 道具と自分の関りを学ぶ
3 食材の旬を知る
4 食材をムダなく使う

1 道具の知識を深める

いろいろな道具の中でも、新人時代に触れることが多いのが鍋です。

炊飯鍋、寸胴鍋、煮込み鍋、せいろ鍋、だし巻き鍋、揚げもの鍋、おでん鍋、すき焼き鍋、しゃぶしゃぶ鍋、そば鍋（羽鍋）、行平鍋、親子鍋、ちり鍋、いろり鍋、土鍋、ほかにも卓上焼き小鍋、紙すき鍋など数多くの種類があります。

調理によっては圧力鍋やフライパン、蒸し器なども使っています。

全種類の鍋がそろっている調理場ばかりではありませんし、新人がこれらの鍋を使い分けて調理することはありませんが、洗い物として扱うことはあると思います。ですから、まずはメンテナンスとしての扱い方を覚えるようにしましょう。

材質ひとつを取ってみても鉄製のもの、アルミ製のもの、そして伊賀焼、万古焼などの焼きもの（土鍋）など、いろいろあり、それに合わせて洗い方や洗う道具が変わります。

鉄製のものなどはタワシやササラで洗いますが、アルミ製のものやステンレス製のものは、スポンジなどで洗うようにしましょう。キズがつきやすいので、調理中に焦げやすくなる原因になってしまいますので……。

土鍋などの内側は柔らかいタワシで洗い、外側はスポンジや布などで洗います。そして、なるべく早く乾いた布などで水気を取ることが大切です。少しでも水気が残っていると、火にかけたときにひび割れることもありますから。

「道具の扱い」と言うとすぐに使うことばかりに気がいきがちですが、メンテナンスも大事な「扱い」の一部であることを意識してくださいね。

次に調理場ではどのように鍋を使い分けているのかを紹介しましょう。

じっくり弱火で煮込むような調理では、土鍋か鉄製の鍋を使っています。これは温度を均一に保てるからです。

逆に、短時間の調理では、アルミ製の行平鍋が最適です。熱の伝わりが速いのが特徴で、青菜を湯がいて添えるなど手早さが求められるときに重宝します。

また目的に特化した鍋もあります。

寸胴鍋は、しっかりとだしをとるために長時間火にかけておく鍋の一つです。ラーメン店などで見たことがあると思いますが、たくさんの分量を一度に作るときなどにはとても便利です。

だし巻き鍋もよく見たことがあるかと思います。　だし巻き卵を作るためのもので、四角い（長方形）鍋で、持ち手がついており、溶き玉子を鍋に流し入れ、箸で巻いて仕上げる専用道具です。

鍋以外の道具に話を移します。

ワサビをおろすときに使う、鮫皮おろし。これは家庭ではあまり見かけない道具だと思いますが、料理店では必需品です。

すりつぶすようにワサビをおろすことで、独特な香りを引き立てていきます。

また、円を描くようにていねいにすりおろすと素材の持つ成分が細かくなり、辛味が少なくおいしいおろしワサビができるのです。

鮫皮おろしは、柚子をすり、香りを立たせ、料理に風味を与えるときにも使います。ササラの小さい刷毛で、すった柚子を料理の上にパラパラと散らします。

使った後は、さっと水洗いし、乾いた布でしっかりと水気を切っておきます。

もちろん、おろし金も使っています。山芋や大根をおろすときには必要です。

大根やカブを粗くおろすときには鬼おろし（竹製のもの）を使います。素材そのものの味を活かす料理や鍋料理のみぞれ仕立てには必要な道具です。

鍋と同じぐらい種類の多い道具にザルがあります。中でもよく使うのが竹ザルやステンレス製の手つきザルです。

竹ザルは、ほうれん草など、葉もの野菜を茹でた後の水切りに使います。ゆっくりと水気を切るのに便利です。

手つきステンレス製のザルは、肉や魚を熱湯にくぐらせ、直ぐに冷水につけて水気を切り、脂肪を落としてうまみを逃げにくくするための調理法（霜降り）には最適なザルです。

四角いバットなどもよく使います。ステンレス製、アルミ製のものが多く大きさも豊富にあります。食材を分けて入れておく、冷蔵庫に入れる、湯せんするときの鍋として使うなど、便利な道具で、今では料理屋以外でも使われています。

すり鉢、これも大小いろいろなサイズがありますが、料理店のものは、大きく重たいものが使われます。大量に料理を用意することが多いからです。すりゴマや、小魚の身をミンチにするなど調理の下ごしらえに便利な道具です。土鍋同様に使用後は、内側を柔らかいタワシで、外側はスポンジで洗い、水気をしっかり切るよう心掛けてください。

金串、これも料理店ではなくてはならない道具です。魚を焼くときなどに、刺して使います。

このほかにも、さつま芋やほうれん草の裏ごしに使う道具や魚の小骨を取るための骨抜きなど、たくさんの道具が使われますが、ページにも限りがありますので割愛してここからは料理人にとってもっとも大切な包丁について紹介して行きます。

日本料理では原則として3種類の包丁を使います。

薄刃、柳刃、出刃です。

薄刃包丁は野菜の皮をむいたり、細かく切ったりするときに使います。

刃に反りがないので、まな板に刃が真っ直ぐに当たることと、両刃で薄いため、切りやすく、使いやすいのが特徴です。

料理人ならではの包丁捌《さば》きとして大根の桂むきがありますが、これには薄刃包丁が使われ、調理場でもよくその技を競い合うことがあります。

今では、大根の皮むきをプロピーラーなどで手軽に仕上げている調理場もあるようですが、包丁を使ったときとは味が少し異なるように感じます。ていねいに桂むきした大根は煮物にしても煮崩れず、味がしみておいしく仕上がります。

柳刃包丁は刀のように細長く、切れ味も鋭いので、おもに刺身を引く（刺身を造る）ときに使います。刃元を食材に当て、切っ先までを使って一気に包丁を引いて一切れ一切れを造っていきます。

また、そぎ切り、薄切りと、食材に応じて刃元や切っ先、中程と違う部分を使って包丁を引いていく場合もあります。

この柳刃包丁に似た切っ先の四角い包丁があります。これは蛸引きと呼ばれる包丁で、これも刺身を引くときに使われます。

前にもお話ししましたが、刺身は切り方によっては魚の味わいが変わってしまう、とも言われるほど繊細なので、どの包丁でもいいというわけにはいかないのです。

出刃包丁は硬い魚の頭や骨を切り落とすのに用いられます。

他の包丁に比べても厚みがあり、刃先までは短いのですが、重さを利用して叩き切る、みねの厚さを使って二つ割りにする、など調理場ではよく使われる包丁です。

ほかにも重さを使って切りやすくした麺切り包丁など、使い勝手を考慮して作られた包丁が何種類もあります。

ここでは、調理道具の種類や用途についてお話ししてきましたが、料理にはたくさんの道具が使われることがよくわかったかと思います。食材、用途に合わせて使い分ける。長い年月をかけて、工夫され、改良されてきた調理道具です。

先輩たちから教えてもらい、しっかりと覚えていってください。

2 道具と自分との関わりを学ぶ

料理人は常に道具を大切に使って長持ちさせています。それは、料理の腕が上がっていくほどに、道具に対して愛着心が生まれてくるからなのだと思います。

例えば野球だったら、自分の分身ともいえるグラブやバットはプレーに欠かせない野球用具ですよね。プロ野球の一流選手がインタビューを受けながら、自分になじんだグラブを丹念に磨いているシーンをテレビなどで見たりしますが、とても大事に扱っています。戦うための用具を大切にしていないと、最高のパフォーマンスをお客様にお見せすることができないでしょうから、自然と用具への愛着心も生まれますよね。

料理人もまた、お客様の「おいしかった……」という笑顔のひと言に出会うために、相棒である道具を大事にするのです。包丁などは、研いで、研いで、原型を留めなくなったものさえ大切にしている先輩たちもいます。

考えてみると、当り前のことだと私は思いますね。誰もが、長年使い続けてなじんだ、使い勝手のいい道具を愛用します。

同じ道具なのに新品に替えたとたんに使い勝手が悪くなるという、経験は誰でもあると思います。

料理の腕は、決して落としたくない。むしろ、もっともっと腕を磨き、昇り詰めていきたいと考えていると、いつも側にある道具も大切にしたいと考えるようになっていくのだと思います。

加えて、こうしたら使いやすい、こんな風に使ってみようなどの好奇心というか、探求心が道具に対して芽生え始めると、さらに愛着心が増すのだと考えます。

加茂茄子の炊き込みご飯を作るとき、茄子はさいの目切りにして、油で揚げて、油切りをします。先輩たちは、金ザルに上げたり、キッチンペーパーを敷いたバットに取ったりしていましたが、あるとき私が餅網の目の細かいものに取ってから、炊き込みご飯に加えるという工夫をしたら、油切りもほどよく、仕上がりがよいものになりました。それで、「これは、いい」と、調理場でも店でも喜ばれることになったのですが、私は餅網にも使い道が十分あるのだと気づき、餅網に愛着心がわいたことがありました。

また別のお話ですが、煮物の味つけでみりんや日本酒を少しずつ注ぎ混ぜながら鍋に足すときには、いつもはお玉を使っていました。これもあるとき道具の専門店ですすめられた横口レードルに替えてみたところ、少しずつ注ぐのに適していることがわかりました。使ってみて、応用が利くこと、便利なことを知って、このレードルを私は愛用するようになりました。

新人のうちは先輩たちから、「これを使って……、この場合は、このようにするんだ」と、指示されることが多いと思いますが、まずは教えてもらい、店の調理場にある道具の使い方を覚えることが大切です。

〝道具はいつでも、自分の仕事の相棒である〟

〝ていねいに使ってやれば、長く自分を支えてくれる〟

このように思って接していれば、いい結果をもたらしてくれるはずです。

道具を荒っぽく、粗末に扱うことは、食材の扱いも荒くなることにつながりかねません。

それは調理にも響き、ひいては、お客様への対応にも影響を及ぼすことにもなりかねません。

料理人は素手で、料理を作っているわけではなく、たくさんの道具を使って仕事をしています。だから、道具を料理に合わせて上手に使いこなすことが、いい仕事につながるのです。

日本料理店の調理場は、一人で飯を炊いて、おかずを作って、揚げ物を作って……という単独作業でできているわけではありません。しっかりと組織立っており、料理長がピラミッドの頂点にいて、その下にそれぞれの役割を担う者たちがいます。全員が、タイミングや、必要な食材を手際よく仕上げ進めて行くには、道具の使い方、時間への配慮などのチームワークが重要となります。

新人時代にはなかなかそれがスムーズにできないこともあります。時には注意されることもあるはずです。

先輩から鍋が必要と言われたとき、仕事の流れがよくわからないまま土鍋などを用意してしまって、「これでは、湯を沸かすのに時間がかかるだろ。熱伝導のいいアルミの行平鍋を用意して！」などと、強く言われたりすることもあります。そんなときには、怖い、頭に来たなどと思わないで、自分の知らなかった足りない部分を指摘してくれ、道具のことを教えてくれているのだと考えるようにしてください。

調理場で使う道具には、調理のタイミングを考えて使うものや食材の持ち味を仕上げに反映させるためのものなどさまざまな用途が隠れているのです。その隠れた用途を知るためにも新人のときは、先輩たちの言葉を素直に聞き、いち早く道具の用途を覚え、それらを使いこなすことに気持ちを集中させてください。


料理に関係する道具は、鍋や包丁だけではありません。お運びのお盆や食器なども料理店にとっては道具と考えます。

漆《うるし》塗りのすばらしいお椀などは特に粗雑には扱えません。金の蒔絵《まきえ》などの装飾をほどこしたものなどは、使用後はていねいに洗い、乾いた布でしっかりと水気を拭き取る必要があります。漆器の持つ穏やかな艶《つや》が失われないようにしているのです。

もちろん高価だからていねいに扱い、安価なものなら粗末に扱ってもよいというわけではありません。どの食器でも、大事にていねいに扱うというのが鉄則です。なぜならば、食器はお客様に喜んでいただける料理を提供するための、いわば「料理の着物」だからです。

どんな道具にもそれぞれの役割があり、お客様に提供する料理の影の力となっています。料理人は、お客に提供する料理を、たくさんの道具を頼みに作り出しているということをしっかりと意識して、道具を扱うようにしましょう。

これは余談ですが、料理長クラスになると、自分のお気に入りの包丁を有名な刀鍛冶や包丁専門の職人に作らせ、大切に自分で研ぎ、磨き、お客様方への調理にのみ使い、使用後は専用のケースに鍵つきでしまっています。

昔、侍の魂が刀（日本刀）といわれたことと同様に包丁は料理人の魂なのです。

調理道具を大切にすることで、自分は料理に関わり、一流料理人を目指すとの将来を見据えた意識、気構えを再発見することと信じています。

豆知識

食器について春夏秋冬の特徴

器は料理の盛り立て役ですが、料理をお出しする上では大切な役目を担っています。

花が咲き始め、心も浮き浮きとする春は、暦の上では、まだ冬の寒さが残っていて、冬のなごりを感じさせる意匠のものなども春らしいといえます。

梅、桜の図柄のせ、ピンクや白など花びらを連想させる軽やかな色調のものがよく使われます。

厚みのある素朴な器に刷毛で描いた雪どけの図柄

　また、雛祭りや、端午の節句などの時期には、合わせるように、器も用意するのが、ならわしとなっています。

　夏はガラスの食器をはじめ、青いもみじの図柄、濃い青色の波模様など、清涼感のあるものが定番です。

　また、大きなボウル状の器に削り氷を入れ、ガラスの器に料理を盛りつけ、削り氷の上にのせて涼しげな様子をお客様に提供することもあります。これも、お客様に楽しんで、食事をしていただくためのアイディアですね。

美しさと豪華さを兼ね備えるクリスタルの器

秋は、緑、黄色、オレンジ、赤で紅葉を表現した温かみのある器のほか風流な時の流れに合わせるように、龍が空から舞い降りるような図柄の器なども使われます。また、小菊をモチーフにした柄や形の器もこの季節のおいしい料理に華を添えます。

菊の節句、敬老の祝いでは、鶴、亀の図柄の漆器も用いられます。

厚みのあるダーク調の器が冬は使われます。図柄は松や寒椿、小梅を描いた器も多く使われます。いかにも手作りですと言わん

重陽の節句（菊の節句）を祝う扇形の黒漆器

ばかりの歪んだ器のほかにも木製の器も使われ、お客様に喜ばれています。

以上食器についての豆知識をお話しましたが、料理の世界に飛び込めば、先輩たちから教わり、当たり前のようにこれらの器を使うことになります。

器ひとつで季節を感じてもらうことも、大切なおもてなしの心です。知らないよりも知っていた方がいろいろと役に立ちます。

楕円形の木製小皿に季節の風情を盛りつける

3 食材の旬を知る

日本には四季があり、季節ごとに料理の食材も変化します。つまり、料理によって季節を表現することができるのです。

例えば、春になって菜の花、筍、鰆《さわら》、蛤《はまぐり》などの旬の食材を使った料理を提供することによって、春の息吹をお届けするというようなイメージですね。いわば料理で季節を演出するわけですから、食材の旬を知ることは料理人にはとても重要なことなのです。

食材の「旬」とよく言われますが、本当はいつが正しい時期なのでしょうか。昨今では、ハウス栽培や工場で生産する野菜や養殖の魚、輸入品の肉類など、旬がわかりにくくなってきています。

また図鑑などで旬となる時期を知り得たとしても、食材の扱い方、お客様への正しい提供の時期、料理の出し方が分からなくてはなんにもなりません。

食材に対する知識は、先輩たちや、店主から教わることも大事ですが、何と言っても、野菜や魚を届けてくれる業者さんに聞くのが近道です。

私が新人の頃は、いろいろな良くない問題（業者との癒着など）が起きることを懸念して先輩や親方から「業者とはつき合うな」と言われた時代もありました。

しかし、私は業者さんと仲良くすることで、食材の旬を教えてもらったり、知らなかった調理方法を教えてもらったりできるのだから、悪いこととは思っていません。旬のことをはじめ、魚、野菜の鮮度の見分け方、新種の野菜に対する調理の仕方、食べ方、盛りつけの適量まで、料理長になってからも私は業者さんから教えてもらっていました。

例えば、うちわ海老などは魚屋やスーパーでは見かけたことが無かったし、ましてや食べたことも無かったですが、数十年前に、突然、魚の卸業者さんから、珍しいものが入ったのでと、持ち込まれたことがありました。「刺身にしても、汁物にしても伊勢海老と同じくらいおいしいですよ」と。さらに「うまみをしっかりと味わうには、茹でて食べるのがいいです」といわれ、まかない料理で刺身にして食べてみました。なるほど、味はいいし、伊勢海老ようだと感じた覚えがあります。「旬は春ですよ」ということも教わりました。

野菜の鮮度のことは新人時代から、先輩たちに教わり、ほうれん草は、葉の色艶《いろつや》がよく、ピンとしているものが良いとか、きゅうりは鮮やかな緑と表面のイボが痛いくらいのものが良いとか、教えてもらいました。

これも料理長になった頃の話ですが、オクラを野菜専門店の方が持ってきたとき「新鮮ですよ。緑色も濃く、表皮の生毛が密生していてヘタが若々しいでしょう」といわれ、そのとき初めてオクラの鮮度の見分け方を知ったことを思い出しますね。

魚の鮮度については、新人時代によく先輩たちからも教えてもらいましたが、はまとび魚を業者さんが持ってきたときに、「眼がドーム状に膨らんでいて、黒目がクッキリとしているので、最高ですよ」といわれ、鮮度について再確認できたこともあります。はまとび魚は小骨が多くて、刺身に引くのも大変な手間なので、私はあまり好みませんでしたが、業者さんから洋風の食べ方も教わりました。「ローズマリーと一緒にオリーブ油でカリっと焼き上げて、塩、コショウのみ」といわれ、早速作って食べて見たところ、これはなかなかうまかったです。

業者さんとフランクに話せるようになると、今はこんな食材が流行っているとか、他店ではこういうものを使っているとか、本当に幅広い情報が入ってきます。業者さんを無視するような料理人になってはいけませんね。

話が業者さんに脱線してしまいましたが、ここからは改めて食材について話していきます。

日本料理は、野菜、魚のほかにも鴨肉、牛肉、鶏肉、豚肉を使います。

近年ではすべての食材で旬を見つけることもなかなか難しくなり、旬よりも産地などをメニューに表示している店舗も増えてきています。

松阪牛のすき焼き、越前蟹の酢のもの、丹波の黒豆福煮、明石だこの刺身のほか、北海道産アスパラガスの塩焼き、青森産うにのお造り、沖縄産のアグー豚のしゃぶしゃぶなどと産地の特選料理を提示したりしています。

これも、旬が分かりにくくなっているので表したものかと思います。

日本料理では野菜や調味料も伝統的に決められたものが多かったのですが、最近ではこれまであまりなじみのなかった食材も使われだしました。

野菜ではパプリカ、トマト、芽キャベツ、スナップエンドウ、ズッキーニ、アスパラガスなどで香辛料や調味料では針唐辛子、ピンクペッパー、ごぼうのディップ、アボカドのディップ、柚子胡椒、シークワーサーにレモン風味のドレッシングなどで、料理を新しい形で演出しています。

洋食にはもともと季節感という感覚はわりと薄く、ソースの味で食べさせるスタイルが多かったと思います。それに対して、日本料理は四季を意識して料理を出します。最近は洋食風に日本料理をアレンジして出す店舗も増えていますが、本格的な日本料理屋であれば、料理そのものに、季節を表現します。

例えば、小鯛に茹でたふきを巻き、これを蒸し器で蒸して、うすい豆から作った汁（ソース）をかけ、手早く茹でた菜の花を添え、吸い地とみりんの合わせ汁でさっとゆり根を煮て、桜の花びらに見立ててあしらった（料理にのせる）「小鯛新ふき巻き　うすい豆すり流し」を春の一品としてお客様にお出しする。

夏の一品ならば、一つの器に鴨肉のひき肉団子と新小芋、れんこんをそれぞれ調理し、炊き合わせのように盛りつけ、青味としてほうれん草をさっと茹でて流水にあて、水気を取ってから添え、青柚子の皮をすりおろして上から散らし爽やかでおいしい一鉢「新小芋新蓮根《れんこん》　鴨丸」をお出しします。食材だけではなく、盛りつけや器、部屋に飾る一輪《いちりん》の花にいたるまで、季節を感じさせる演出を考えてお客様をお迎えし、「ここに来るともう春が近いと感じるな」そんなふうにお客様に感じていただける配慮が必要です。とはいえ、新人の料理人にすぐにできることではないでしょうから、店で行われている所作や心遣いを一つ一つ見習うことで「旬」とはなにかを学んで欲しいです。

日本に四季がある以上、「旬」に対する知識は料理人にとって、とても大切なことです。先輩や業者さんから「これは今が旬」といわれるものは、必ず自分でも食べてみて味を感じ、覚えることも重要な作業です。

お客様に季節の一歩先をいく料理の味つけ盛りつけで旬や季節を感じていただくことは、何かが曖昧になっている今だからこそ、大切だと思います。

この項の最後に食材の旬をざっと挙げますので参考にしてください。

豆知識

野菜・果物の旬

カリーノケールやロマネスコ、チコリなどのような見栄えも楽しく、料理の添え物にもなる新種野菜がこれからも続々登場すると思います。それでも、日本料理では、四季を提供し、喜ばれる料理への気配りを欠くことなく、新種野菜を用いても本物の日本料理を提供できるように進めて行くことが大切になると思っています。

野菜・果物の旬　春

菊、ほうれん草、水菜、絹さや、筍、大葉、かぶ、ごぼう、三つ葉、あしたば、うど、菜の花、きくらげ、しいたけ、クレソン、ぜんまい、ふき、さんしょう、空豆、えんどう豆、スナップエンドウ、セロリ、カリフラワー、春キャベツ、葉しょうが、にんにく、ピーマン、アスパラガス、ルッコラ、レタス、新玉ねぎ、新じゃが芋、もやし、イチゴ、デコポン、マンゴー、うめ、サクランボ、びわ、あんず、夏みかん……など。

野菜・果物の旬　夏

青とうがらし、いんげん、みょうが、オクラ、ししとうがらし、なす、トマト、きゅうり、玉ねぎ、小松菜、枝豆、チンゲン菜、にら、ズッキーニ、ゴーヤ、とうもろこし、かぼちゃ、いちじく、かぼす、なし、パイナップル、ぶどう、メロン、もも、すいか……など。

野菜・果物の旬　秋

さつま芋、里芋、じゃが芋、にんじん、しめじ、なめこ、まいたけ、マッシュルーム、ぎんなん、キャベツ、アボカド、長芋、つるむらさき、ブロッコリー、柿、栗、りんご、かりん……など。

野菜・果物の旬　冬

大根、白菜、れんこん、せり、くわい、じねんじょ、ゆり根、芽キャベツ、野沢菜、落花生、いよかん、オレンジ、みかん、キウイ、シークワーサー、レモン……など。

豆知識

魚介の旬

ここ数年は気象の変化に伴う海水温度の上昇などで、魚の獲れる海域に変化が表れているとの話をよく耳にします。いわしが大量に獲れるはずのところで獲れず、別の港で大量に水揚げしたとか、今年はまったくさんまが獲れないとか。

本来の旬である時期にその魚が獲れず、料理にお出しできないというような残念なことも……。

日本料理では、「旬」以外にも「走り」や「名残」という表現があります。「走り」というのは、旬よりも早いもので、味は旬の時期ほどよくはないのですが、縁起がいいとか、新しいものを先取りする喜び、というような意味で珍重されたりします。

例えば、伊勢海老の身を団子に仕上げ、伊勢海老の殻から取っただし汁と薄口醤油、みりん、などで炊き仕上げ、しょうがの絞り汁を加えます。調味料で煮たてた湯葉と、だし汁につけておいた青味の三つ葉をそえて小鉢に盛りつけ、「伊勢海老丸とちぎり湯葉」として春の三月ごろにお出しする料理があります。本来の伊勢海老の旬は、六、七月ですので、「走り」として、初夏の季節の訪れを感じさせることができます。これが「走り」の役割なのです。

かつおもまた、四月から五月にかけて「初がつお」として、昔から喜ばれていますが、やはり本当においしいのは八月から九月にピークを迎える脂ののった「戻りがつお」ですよ。

鮎は夏が旬ですが、鮎は白焼きにしたものを、番茶に酢を加えて炊き、さらに酒、砂糖、濃い口醤油で炊き込み「子持ち鮎の煮浸し」として、九、十月にお出しするものがありますが、これが「名残」の考え方です。もちろん、旬の鮎は、塩焼きでおいしいですが、この鮎の煮浸しも、お客様にはとても喜ばれる料理の一つです。
日本料理には、春夏秋冬それぞれにおいしいものがたくさんありますが、どのような調理で、お客様に提供していくのかが私たち料理人の役目です。

見習い、新人の料理人にとっては、実際に料理に使う食材や食品の選別をする、判断するという機会は少ないでしょうが、料理長や先輩方、業者さんたちの知識を借りて学んでいってください。

魚介の旬　春

まとう鯛、真鯛、石鯛、金目鯛、いとより鯛、めばる、さより、あいなめ、うすばはぎ、しらす、ほうぼう、いとより、きびなご、鰆、とび魚、いかなご、白魚、初がつお、にしん、うちわ海老、さくら海老、赤貝、あさり、あかにし、蛤……など。

魚介の旬　夏

ばちまぐろ、めいち鯛、まあじ、関あじ、しまあじ、むろあじ、小あじ、まながつお、はも、つむぶり、まぐろ、ときざけ、すずき、たち魚、きす、かます、あかかます、うまずらはぎ、あなご、かわはぎ、かんぱち、きはだ、しろぎす、にじます、きはだまぐろ、どじょう、うなぎ、鮎、いか、するめいか、やりいか、あかいか、こういか、いいだこ、たこ、まだこ、おにおこぜ、あわび、とこぶし、うに、あかうに、さざえ、うるめいわし、きちぬ、伊勢海老、さくら海老、甘海老、たいしょう海老、よし海老……など。

魚介の旬　秋

さんま、さけ、ます、紅ます、さくらます、いわし、かたくちいわし、はまとび魚、うるめいわし、戻りがつお、さば、ひげ鯛、はまふえふき、まさば、さっぱ、こはだ、ごまさば、ひらめ、かれい、めいたかれい、鯉、ぼら、まるあじ、おおべに、かわはぎ、黒くさやもろ、ぬたうなぎ、かき、ほたて……など。

魚介の旬　冬

こぶ鯛、血鯛、あこう鯛、すま、おにあじ、黒まぐろ、このしろ、いら、寒ぶり、ひらめ、うみたなご、うっかりかさご、かさご、かじき、たら、すけそうたら、ひらまさ、わかさぎ、はまち、あんこう、むつ、まこがれい、とらふぐ、きんき、ずわい蟹、たちばな蟹、たかあし蟹、け蟹、わたり蟹、まなまこ、まがき……など。

4 食材をムダなく使う

昨今、フードロスが問題視されていますが、食材を使い切ることについて、みなさんはどのくらい意識されていますか。例えば、大根が丸々一本あったとしてどのようにすると無駄なくつかうことができるでしょうか。

ちょっとやってみましょう。まず、大根は、一本を横に四つに切ります。頭の方に青い葉があれば、葉と茎はみじん切りにしておきます。青首の部分の大根は、皮をむいて、皮は短冊切にしておきます。上から二番目の太い部分は、これも皮をむき、皮だけ千切りにします。次に三番目のやや太めの部分も皮は短冊切りにします。最後に、下部、しっぽ側の大根は辛味があるので、大根おろしに適していますが、辛味が苦手な方は、青首側の大根おろしがおすすめですね。

続いて調理に移ります。みじん切りにした葉と茎ですが、さっと塩茹でして水気を取り、ごま油を熱したフライパンで炒め、塩で味を調えます。これを熱々ご飯に混ぜれば「菜飯」です。板場の（調理場）のまかない料理としてよく作ります。

青首部分の皮は、「きんぴら」にします。油で炒め、砂糖、醤油で味を調え、白ごま、七味唐辛子を混ぜて完成です。

青首の大根は厚めのいちょう切りにし、鶏肉といっしょに、醤油やみりんを加えただし汁で炊く「鶏と大根の煮もの」にするのがよいかと思います。

いちばん太い部分は、厚い輪切りにして、水と米でじっくりと炊き、柔らかくします。次に、砂糖、みりん、醤油などで作るソースを用意して、フライパンで、大根を焼き、ソースをかけて煮込み、最後にバターを加え、「大根のステーキ」を作ります。

千切りにした大根の皮は天日で干して、切り干し大根として使うといいですね。

二番目に太い部分を短冊切りにした大根の皮は、金目鯛などといっしょに炊いて「煮つけ」にするとおいしくいただけます。

二番目の太い部分は、甘み、辛みのほどよいバランスが部分ですから千切りにし、にんじんの千切りと合わせて酢の物に仕上げるのが最適です。

大根の下部は、辛みをいかしてアクセントに。なすにコーンスターチをまぶして、油で揚げ、だし汁を張った椀物「なすの揚げだし」の上におろし乗せるなどします。また、おろさずに汁物の具としてもよく使いますよ。

おろして出た汁をコップに入れ、レモン汁と砂糖、炭酸水を加えて、「大根スカッシュ」として飲むのもおいしいですよ。

大根を例にざっとお話しましたが、ほかにも、にんじんの飾り切りなどで出た、切れはしを、まかないのみそ汁や、煮物にもするなど端材は活用しています。

ここで大切なのは、野菜なら、葉ものは葉もの同士でまとめ、根菜は根菜同士でまとめておくことが望ましいですね。ごちゃ混ぜにしてしまっては、ゴミのようになってしまいます。味が合うものと、合わないものもあるのです、例えば、キャベツとごほう、にんじんとなすの組み合わせは、みそ汁などにしてもあまりおいしくありません。好きな方もいるでしょうが……。

原則として、食材はどんなものでも、別々に保管することを板場では心得ていてください。


魚も野菜と同じように、ムダにすることなく使い切りましょう。

魚の頭などは切り落として捨ててしまう場合がありますが、鯛の頭などは、料理として大切な部分です。

例えば、鯛の頭と身をひと口大に切り、昆布とたっぷりの酒で炊き、このとき同時に破《は》竹《ちく》も加えて炊きます。破竹はぬかを入れて湯がきアク抜きをしたものを使います。これを、器に盛りつけ、ふきと絹さやを添えて、「鯛と破竹の潮煮」ができます。


うなぎも捨てるところがないので、使い切りましょう。

身は蒲焼が一般的ですが、うなぎの肝では、「肝吸い」と呼ばれる吸い物を作り、骨は油でカリカリに揚げて料理に添えます。頭もしっかり炭火で焼いて、これはまかないで食べますね。お客様でよほど好きな方には、別皿でお出しすることもありますが。

たこの吸盤は柔らかく炊いて、一つ一つを切りはなし、料理の脇役として使います。食感のアクセントを楽しんでいただくものなので、酢の物の小鉢やお造りに添えることもあります。

いわし、あじなど小ぶりの魚の場合は、開きにして、大きな骨は抜いて、頭ごと、水溶き小麦粉をまぶして、天ぷらや、フライにすることが多いです。天ぷらをひと口大に切りひと皿に盛りつけ、甘めのみそと昆布のだし汁で作ったソースなどかけて食べるとおいしいです。

デザート作りでも食材をムダなく使います。

例えば、スイカを使ったものでは、スイカの皮の薄青い部分も、さいの目に切り、糸瓜《へちま》（イトウリ）を湯がいてばらしたものと一緒に砂糖水で炊いておきます。スイカはミキサーでジュースにして砂糖を加えて仕上げます。冷えたグラスに注ぎ、上にスイカの皮と糸瓜を乗せて完成です。

変わったお口直しでは、さつま芋を皮ごと輪切りにし、甘いシロップでやわらかく炊いたものに、白みそと酒、砂糖、卵黄で作ったたれをかける「さつま芋の風呂吹き仕立て」

があります。黒っぽい器に盛り、たれの上に黒ごまを散らして、お出しするもので秋の十月ごろにお出ししますが、お客様にとても喜ばれています。

新人のときは、先輩から言われた料理の下ごしらえとお客様に提供することばかり考えて、食材を無駄なく使うことに、なかなか気がまわりませんよね。先輩たちの無駄なく扱うことから、自らも大切にする意識を持ってもらいたいと思います。

なぜならば、野菜は生産者さんが丹精込めて育てていますし、魚も漁業に携わる方々が提供してくださっているからこそ、良い食材として、我々のところに入ってくるわけです。

どんな食材でも無駄なく、手間を惜しまず、おいしい料理にする知恵は、昔から料理人に伝えられてきたことなのです。

日本には、無駄にしない食材の代表とも言えるものがあります。豆腐を作る過程でできる「おから」です。

江戸時代、この「おから」は包丁で切らずに食べられるので「きらず」と呼ばれていました。漢字では雪花菜と書いて、料理献立書にその食べ方が記載されていいて、庶民の間でよく食べられていたそうです。

また、おからは白いことから、江戸後期の精進料理献立集には「卯の花」として紹介されています。

おからは一時期、大部分が廃棄され、一部は家畜の飼料となっていた頃もありましたし、私が若い頃には、貧しい人々が食べるものと言われ、不人気な食材として家庭の食卓から遠のくこともありました。

今では、栄養価の優れた食品として鍋や汁ものなどに欠かせないものとなっていますし、「卯の花汁」「卯の花炒り煮」などとして料理の定番にもなっています。

調理の工夫によって、すばらしい食材として認められることになったのです。

他のおから料理としては「おからの合わせ煮」などが一般的です。ささがきごぼうとにんじんの細切りを油で炒め、豚肉を加えて、よく炒め、おからを入れ、だし汁と砂糖、酒、薄口醤油を加えて器に盛る。簡単に作れる料理です。

おから以外の食材についても、ムダのない使い方を我々料理人はもっと研究し、提案する必要があると思います。

余談ですが、私はよく考えることがあります。落花生の皮やさといもの皮も食べられないのかな……。冬瓜の皮なども……と。果物は、ほとんど、皮ごと食べられるものが多いですよね。柿、りんご、ぶどうなども……。

スイカや、パイナップルの皮は食べられませんが、最初から無理だと思っては何も変わらないですからね。

昨今は、皮ごと食べられるバナナがありますし、きんかんをまるごと食べる調理方法を考えだしたのは、料理人ですから。

近い将来、皮ごと食べられるパイナップルや、新種の野菜も改良開発できるかもしれませんね。

料理人ならではの創意工夫で食材を大切に扱い、すばらしい料理と向き合って行ってくれることを期待しています。

第3章

歴史から見えてくる日本料理

突然ですが、みなさんに質問です。世界には何種類くらい料理があると思いますか？和食、中華、フレンチ、イタリアンなど、大きなくくりで考えても、かなりの種類になることは想像に難くなりませんよね。このような質問をしておいて恐縮ですが、私にもいくつあるかなんてわかりません。ただ、料理はその土地に根差すものですから、少なくとも国の数以上はあるのだと想像は働きます。

さて、ここからが本題なのですが、どの国にも成り立ちや歴史があるように、料理にも歴史というものが必ずあります。中華には中華の、フレンチにはフレンチの歴史があり、それぞれを中華、フレンチたらしめているものが、歴史には内包されていたりします。手短に言ってしまうと、それを知らないと自分が中華を作っているつもりでも、似て非なるものだった……などということも起こり得るわけです。いまは中華、フレンチと大きなくくりでお話しましたが、料理のジャンルというものは、実際はもっと細分化されているものです。

日本料理でも、本膳料理、懐石料理などがありますし、京料理、長崎料理など、地域に根差した区分けをされることもあります。そして、それぞれに歴史があり、そこにその料理の特性があって、根幹をなすものが伝統として受け継がれているわけです。

なんなくおわかりいただけたかと思いますが、どのジャンルの料理人を目指にしても、その歴史的な背景ぐらいは知っておかないといけない、というのが本章でお話したいことです。特に日本料理の世界では、先人の教えを大切にするという心得があり、それが日本料理の「品」「格」を作り上げてきました。

自分が何を作る料理人であるか、また目指しているのかを知る、あるいは考えるためにも、歴史に目を向けるとこはとても大事なことです。

私が日本料理の料理人なので、日本料理に限った話となりますが、次の3つのことを中心にお話していきたいと思います。

1 日本料理の原点と変遷

2 和食と日本料理の違い

3 日本料理を守る

1 日本料理の原点と変遷

食事は人類の歴史が始まって以来、ずっと変わらずにあったことです。その中でもただ食べるのではなく、食材を調理して料理とし、それを楽しんで食べるという行為に昇華したのが人類です。これはもう、説明するまでもなく、みなさんも良くわかっていることと思います。

一言で「料理」といってもさまざまなジャンルがあって、人間の暮らしの変化とともに、料理も歴史を刻んできました。例えば、現代の料理にしても、今のみなさんが作る料理と私が修業したときの料理では、大きく違ってきています。長い人間の歴史から見れば、ほんの数十年のことではありますが、それでもかなりの変化はあるものです。

私の若い頃は、料理はそんなに上質なものだという認識はありませんでした。さほど手の込んだことをしていなかったように思います。当時にくらべると、今の料理の方が手は込でいますから、見栄えするかもしれないですね。

でも当時のほうが高級な器を使っていたと思います。

例えば、〝なます〟という料理、昔と今では、まったく違っています。今は酢を使えばなんでもなますといってしまう傾向がありますが、元々は生魚や肉を刻んで酢に漬けたものをなますと呼んでいました。つまり、本来は肉料理なのですね。そんな背景も知っておく必要があるのです。

日本における料理の歴史は、平安時代から形になってきたといわれています。飛鳥時代、奈良時代の料理（食事）は、米飯に野菜、木の実を食べたり、魚や貝類などをただ焼いたものだったりで、料理とはいえないものでした。

肉類も「牛・馬・犬・猿・鶏」を食べることを禁止する「肉食禁止令」が天武天皇によって出されたので、シカの肉を干したものぐらいしか食べていませんでした。肉食が禁止されたのは、腐った肉を食べて食中毒を起こして死者が出ていたせいなのです。

今のように肉の処理や保存の知識なんてなかったでしょうから、古くなった生肉を食べて亡くなってしまうということが多かったのだと思います。

平安時代に入ってから、平安貴族の宴会が元になった大饗《だいきょう》料理が誕生しました。蔬菜《そさい》類（食用のために栽培された草木）とイノシシやカモの肉などを使う料理で、公家だけが食べていたといわれています。

大饗料理は中国唐時代の文化の影響を受けていたそうで、小皿に盛られた料理は必ず偶数と決められていました。大きな卓に乗せられ、祝いごとや、客を招いての宴などで出されたようで、現在の料理とはまったく違うものだったと伝えられています。

この後、室町時代に入ると武家文化が発展し、武士の料理は一つ一つの膳に料理を載せた本膳料理、公家は独自の式典料理としての有職《ゆうそく》料理へと進化していきます。

この頃の本膳料理が、一汁三菜などの今の日本料理の元となった料理だといわれています。

安土桃山時代、織田信長、豊臣秀吉の活躍した時代に現れたのが「懐石料理」といわれています。

ただ、武士たちのもてなし料理は本膳料理のままだったそうです。

懐石料理は茶道の精神から誕生したもので、茶を飲むことが主で、おいしく茶を味わう前に食べる、いわゆる軽食程度のもののようでした。

江戸時代に入ると懐石料理をもじったスタイルが庶民に広まります。実際には酒のアテ（つまみ）を出しているだけのものですが、茶道のマネごとのスタイルを、懐石などと称したのです。

酒を飲む前に、煮物とか、漬けものを出し、酒をたらふく飲んだ後に飯を食べるスタイルで、今でいう、シメのラーメンやお茶づけですかね。

しかし、外食が盛んになり江戸のあちらこちらに料理屋ができると、酒を酌《く》み交わし、数種類の料理を楽しむスタイルが登場します。

会席料理です。

江戸庶民は、あそこの料理屋がおいしいものを出すと評判を聞きつけると、足を運び、酒に、料理にと楽しんだといわれています。「江戸版ミシュランガイド」とも言える「料理茶屋番付表」までできて、料理屋のランクつけをしました。

料理屋も料理人も刺激を受けて、知恵をしぼってオリジナルメニューを考えたり、料理の技を競ったりしたのです。

話は飛びますが、みなさんは日本料理の伝統儀式の一つに「式庖丁」というものがあることをご存知ですか？

平安時代から宮中で節会《せちえ》などのおめでたい行事に行われてきた食の儀式です。

これは本来刀で行われるものなのです。手に脇差（短い刀）と鉄製（竹製のものもある）の箸を持って、鯛などを捌き、手はいっさい触れずに身と骨を切り分けて見せる日本の伝統儀式ですが、実は中国にも同じような儀式があります。日本独自の儀式ではなく中国から伝来し、日本がマネをした儀式なのだと考えられています。

同様に、いま私たちが食べている日本料理やその食べ方も、最初は中国のマネから始まり、そこから日本料理として進化を続け、成長してきたのです。

時代、環境、食材、そして食べる人の好み、そうした変化の中でも最高の料理をお出しすることを料理人は求められてきたのです。

2 和食と日本料理の違い

「和食」というのは、日本の人たちが食べている料理のことを指します。明治以降に海外から入ってきた料理も今や和食です。カレーライス、とんかつ、オムレツなども和食の中に含まれます。

日常的に食べている料理ももちろん和食です。今やラーメンも海外の人から見れば和食です。家でおばんざいを作れば、それも和食であり、その料理がウィンナーともやしの炒め物だったとしても、和食の中に入ります。ですから「和食」というのは、とても広い意味で使われる名称なのです。

では、寿司やそばはどうでしょう？　やはりどちらも和食です。寿司やそばは、「日本料理」とはいいませんよね。

余談ですが、「日本料理」と「和食」は区別されるべきものと私は思っています。

２０１３年（平成25年）に「和食　日本人の伝統的な食文化」がユネスコ無形文化遺産に登録されました。ここでも「和食」という項目で登録されていますが、本来の意味でいえば「日本料理」として文化遺産にされるべきでだと思うのです。

本当は「和食」ではないのです。

カレーライスやとんかつなどで世界遺産に登録されたわけではないはずです。

その点が私はとても気になっています。

会席料理として確立し、日本料理の源となったといわれる本膳料理には食の形式もあり、伝えられてきた職人気質も食文化に組み込まれています。

それに対して、寿司、そばなどは元々屋台で売られ、庶民が手軽に食べていた、いわばファストフード的な料理です。

本音をいえば、やはりそれらと「日本料理」をいっしょにしないでほしいわけです。

寿司もそばも現代の和食としてはとても重要な料理の一つです。ただ、それは日本料理としてではなく、和食として大切なものなのです。

ですから､私は､はっきりと言うことにしています。「和食と日本料理は違うのです」と。よく講演を頼まれますが、壇上に立つ機会があるときには、必ず、「我々は日本料理を作り、お客様に提供しているのです。カレーライスの専門店やとんかつ屋さんとは、まったく違うのです」と伝えるようにしています。

ただし、日本料理の料理人だけが特別な存在だということを言っているのではありません。寿司職人には寿司職人のプライドがあり、そば職人にはそば職人のプライドがあります。

どの料理人も、切磋琢磨《せっさたくま》し、おいしいもの提供しようとしていることに変わりはありません。

みなさんには、日本料理に携わったということにプライドを持っていただきたい。そして、料理がどのように進化してきたかを学んで、これからはどう進んで行ったらいいかをしっかり考えて、料理の道を続けていってほしいのです。

3 日本料理を守る

日本料理の源は、室町時代に登場した「本膳料理」だと伝えられています。

本膳料理は武家による客をもてなすために作られた料理で、武士の世界では家臣が手柄を立てたときや他国（国内の領地のこと）の武士を招いたときなどにふるまわれたものです。一つ一つの膳に料理をのせて出す形式が特徴的で、酒宴が終わると一汁三菜の料理が用意されていたそうです。

話は変わりますが、みなさんは茶道、華道には家元制度があり、脈々と流派のしきたりや考え方が受け継がれていることをご存じですか。

現在の日本料理には流派という考え方が残されていないのが現状です。私が子供の頃には四条流《しじょうりゅう》の盛りつけはこうするものだというのがありました。今の若い人たちにはおそらくピンとこないでしょうね。

だからこそ、次の世代に日本料理をつないでいくには、個々の料理人が歴史や伝統をベースに「じゃあ自分はどういう料理を作って、どのように提供していくのか」ということを自分の中できちんと整理することが大事になってくるのです。

私は、日本料理を日本人が持つ感性を活かして、美・香・味・姿・音などが、食する前から創造できるような料理にまで高め、世界中に絶賛され、誇れるものを残したいですね。いずれにしても日本料理に対する意識をしっかりと持っておくようにしてください。それが、伝統ある料理を守ることにも、進化させ攻めることにもつながるのです。

本章の最後に食と料理の歴史をざっとまとめたものを記載（次ページの豆知識）しましたので参考にしてください。

豆知識

食と料理の歴史

【縄文時代後期】

稲作が中国から伝来。

【弥生時代】

米が主食となる。

この頃から日本では生で魚を食べ始める。

【飛鳥・奈良時代】

「肉食禁止令」が天武天皇によって発布される（675年）。

このことが和食文化の原点ともいわれている。

「牛・馬・犬・猿・鶏のシシ（＝肉のこと）を食べることを禁止する。

そのほかは禁令ではない。これを犯す者が有れば罰する」の御布令により、食卓から動物の肉が激減したものの地域によっては、野ウサギ、キジ、シカ、イノシシなどは食べられていたと考えられる。

魚介類の摂取は体によいとされ、健康食とされている。

【平安時代】

貴族文化が開花し「大饗《だいきょう》料理」が登場。

中国の影響を受けた儀式料理の一つで料理は小鉢、小皿に、一品ずつ盛りつけられ、大きな卓に乗せられて出される。

このときの器の数は必ず偶数で、この風習は中国の影響といわれる。

高位の貴族のもてなし料理や正月の料理だった。

庶民は「おばんざい」といわれる工夫をこらした料理を食べていた模様。これが京料理の原型なのではないか、ともいわれている。

【鎌倉時代】

貴族の贅沢三昧を嫌い「精進料理」が持てはやされる。

仏教僧たちは中国の禅宗を学び、肉食を強く断つために植物性の食材で味つけの工夫と料理技術を習得し伝え、質素倹約を広めて行った。

「精進いたします」は修行するという意味で一般にも使われるようになった。

【室町時代】

「本膳料理」が現れる。

武家社会とはいえ、公家との繋がりを盛んにするために武家による儀式の料理が誕生。

この本膳料理が日本料理の基本になったともいわれている。

偶数を嫌い、奇数をめでたいものとする風習も生まれ、本膳料理は奇数の膳を組み合わせて客をもてなす日本式の料理様式の完成ともいえる。

酒をふるまう献部《けんぶ》と食事を主とする膳部《ぜんぶ》があり、一の膳、二の膳など、規模に合わせてのもてなしが行われたと伝えられている。


【安土桃山時代】


「懐石料理」が茶道から誕生。

当時、茶道は、戦いの日々の中に心の安らぎを求めた武将たちに好まれた。

茶の湯をたしなむ（飲む）前に、楽しむ料理としてふるまわれ、旬の物にこだわっていた。それが一期一会、その場の出会いを大切にする精神からといわれている。

【江戸時代】

太平の世の料亭から出されたのが「会席料理」である。

俳人たちが集まり、連歌や俳諧の後に楽しんだ料理で酒を中心にした宴会料理とも考えられる。酒を飲み、前菜から煮物、焼き物などと出され、最後にご飯と汁が出るものとされていた。

庶民に好まれたのは、そば、天ぷら、うなぎ、握り寿司などの手頃な値段の食べ物だったと伝えられている。

【明治時代】

西洋文化が入って来たことで食文化にも大きな変化が現れはじめる。

１８７１年に「肉食禁止令」が解かれたことにともない、千二百年続いてきた日本の食生活に終止符がうたれ、新たな日本食文化が動き出した。

牛鍋、カレーライスにはじまりビフテキやコロッケなどが新しくて珍しい食べ物として流行り始める。庶民には贅沢なものとなっていた。

【大正時代】

明治時代から続く洋食への憧れはあっても、庶民は食事には倹約するものも多く、白米は高価なため麦飯、漬物、みそ汁の食事が一般的であった。芋粥、茶粥も食べられていた。外食をするとなると一部の庶民は、三大洋食として、コロッケ・ビフテキ・とんかつを好んでいた。

大正時代の後半には、ショートケーキや、ミルクチョコレートなどの洋菓子も国内で作られ、販売が始まっている。

【昭和時代】

洋食が一般化し始め、洋風料理の一品に米飯を盛り合わせるスタイルが都市部で広く大衆に定着する。

家庭では天ぷらが定番料理の一つとしてよく作られるようになる。

軍国の色が濃くなると、贅沢な食事にも大きく影響を与え粗食の時期も伝えられた。

戦後は、復興時期と同時に家庭料理が盛んになり、炊き込みご飯、豚肉のしょうが焼き、カレーライス、ポテトサラダ、肉じゃが、炒り豆腐、さばのみそ煮、さと芋の煮っころがし、豚汁などが頻繁に作られ食べられている。

カレーパンや甘食パンのような日本オリジナルパンも登場する。

プリンアラモード、クリームソーダ、なども若者に人気の品となり、アメリカからはファストフードのハンバーガーが入って来て大流行となる。その頃、カップラーメンなども開発され販売が始まる。インスタント食品のブームが到来し始める。
現在は、冷凍食品やインスタント食品が家庭の冷蔵庫などには溢れている。

【平成25年】（２０１３年）
和食が世界に評価され、「ユネスコ無形文化遺産」となり、国内はもとより海外でも、絶大な人気を博している。

長い歴史の中で、食材の発見、調理への工夫を見出し、姿、形、様式の変化を得た日本料理。これからも伝統と進化を両立させつつ、日本料理は日本人の宝としてさらに発展させて行きたいものです。

第4章

日常生活から感性を磨く

「料理は感性」そんな言葉を耳にすることがあると思います。技術には基本があるので勘のいい人なら手取り足取り教わらなくても、見よう見マネで習得できるものも少なからずあるでしょう。

しかし、「感性」には具体的な形や答えがありません。だからこそ、習得することが難しいものなのです。師匠や先輩たちが、簡単に言葉で教えられるものではないのです。では、どうやって感性を磨いていけば良いのでしょうか。この章では、その身につけ方のお話をしていきます。

この章では、「料理人に必要な感性とは何か?」ということにふれつつ、日々の生活の中から感性を磨く方法について、次の４つのテーマに沿ってお話ししていきます。

1 季節の空気を味わう

2 流行を知り、人間を知る

3 積極的に食べ歩きをする

4 職場以外の人づき合いから学ぶ

1 季節の空気を味わう

外出すると、感性を刺激される場面に多く出会うことがあります。そこには料理人としても人としても成長につながるヒントがたくさんあるのです。

仕事に疲れたからといって、部屋に閉じこもってばかりでは、チャンスをつかむことなどできません。

時間をムダにすることのないよう、自分磨きに出かけてみましょう。

いつもと違う環境に身を置いてみると、そこにはたくさんの情報があふれていることに気づくはずです。実際に歩いてみて、自分の目で見て、空気を感じ、確かめてください。

例えば京都であれば、西にも東にも雄大な山に囲まれた景色を目の当たりにすることができますよね。一言で新緑の山といっても、場所によって緑の色もさまざまに違って見えます。陽の当たり具合によっても見え方は違いますし、季節が進めば、同じ景色でも違った色合いを見せてくれます。

感性を磨くには、自然の中にある色の移ろいを感じることも大事ですね。

もちろん、どの季節にもそれぞれの美しさがあります。

その繊細な色合いを感じられるようになるためには、やはり実際に自分の目で確かめてみるしかないのです。

料理人としての感性を磨くために、次はデパートに足を運んでみることを進めます。

デパ地下には、生鮮食品から加工食品、調味料にいたるまで、あらゆる食品がそろっているうえ、新商品がいち早く並びます。

各お店の品揃えを見て回るだけでも「旬」を意識することができるでしょう。また、パッケージのデザインなどから受ける料理へのインスピレーションも、あなたの感性を磨く助けになるはずです。

上階に行けば、季節の飾りつけをしている高級ブランド店があり、店頭に並んだ洋服の色合いや、店を華やかに彩る飾りつけからも、季節を先取る演出の妙を感じることができるでしょうし、色彩感覚を磨くこともできるはずです。

実際に足を運んで、何が流行っているのか、どんな商品が出ているのかを、自分なりに確認してみてください。

また、デパートに訪れたお客様の服装や手にしているものを見ることも、季節感や流行を感じる良いヒントになるはずです。

接客にもぜひ注目してみてください。

長年、一流のおもてなしをしてきたプロの接客員です。お客様との接し方、言葉遣いや身だしなみなど、お手本になることがたくさんあります。

お客様の希望をさりげなく引き出す能力、どちらにするかの迷いがあったときなどの選択への導き方やお客様との会話を通して、納得のいく商品選びのアドバイスなど、ぜひ参考にしてみてください。

新人料理人のみなさんは直接お客様とお話しする機会というのはあまりないかもしれません。しかし、お顔を合わせないからといって、板場の中だけで完結する仕事ではないのです。

どんな作業においても、その仕事の先には常にお客様がいらっしゃることを忘れてはいけません。お顔を合わせないからこそ、想像力が必要になってくるのです。

一流の接客を心得たプロの方たちの姿は、お客様を大切に思う気持ちを教えてくれるはずです。

すぐそばに、お金のかからない教科書がいっぱいあることに気づいて日頃からこのような意識を持っていれば、ちょっと外に出るだけでも、自然と目に入るものから、たくさんの学びを得ることができるのです。

2 流行を知り、人間を知る

さて、季節や流行をとらえるということで、外に出る話をしましたが、ここからは自分の積極的な情報収集も大切だという話をしていきましょう。

ファッションの流行や行動などは、テレビやインターネット、SNSの発信情報からも学ぶことができます。そこには感性を磨くヒントもふくまれています。

例えば、若年層のファッションスタイルや流行りの行動パターンから、流行色や美的感覚を知ることができ、中高年の方からは、好む色調や着こなしのバランスなど、おとなのファッションセンスを学ぶこともできます。

お客様をお迎えするにあたって、その方のファッションの好みを知ることができるようになるはずです。

また、物事のトレンドを知ることで、お客様との会話の際にも、気の利いた話題を提供できるようになるはずです。

直接お客様とお話しする機会は少ないでしょうがそれでも、お見送りの際やコートを受け渡しするような場面では、言葉を交わすことがないとも限りません。そんなときに、「ツイードのコート、よくお似合いですね」と、さりげなくそえる言葉があれば、お客様もきっと喜んでくださることでしょう。

そのさりげないたった一言がお客様の気持ちをとらえる。またこの店に来たいと思ってくださるに違いありません。そんな粋な料理人に成長してくれたらうれしいですね。

お客様の気持ちをとらえるということは、おべんちゃら（適当な言葉のこと）をいうのではありません。情報収集し、流行を知ってこその本心でなければいけません。

接客への取り組み方も料理人にとって大切な感性の一つなのです。

3 積極的に食べ歩きをする

料理人ならこれが一番でもいいくらい大切なことです。

自分自身で気になる店を探して、そこに行ってみるのもいいでしょう。また、料理長がみなさんをほかの店に連れて行ってくれることもあるだろうし、先輩が連れて行ってくれることもあるはずです。

新人のときにはがむしゃらに味を探る、味を知る、店を見る、そこに働く人を観察する、会話をしてみる。その店が流行っていようが、廃《すた》れていようが、「なぜ」と、好奇心、研究心を持つことに徹底すればいいんです。

若いときには特に色々なジャンルの料理を食べ歩きしましょう。もちろん日本料理を食べてみるのも良いことです。

今だと誰もがスマホをもっているので、写真を撮っておくことで盛りつけの参考にもなります。しかしこのときは店の方に一言、撮影の許可はもらうようにしてくださいね。

必ず値段や量などもメモしておきましょう。味や素材の組み合わせなど、自分の感じたことをメモする。忘れずに年月日なども書きとめておくようにしてください。きっと、役立つことがありますから。

また、一度連れて行ってもらったお店の中で、気になるお店があればもう一度自分で行ってみることも大切です。

あちこちに出かけ、なんでも食べ歩いてみることです。一つ一つの確認と探求心で経験値をあげていってください。それが肝心です。

しかし、実は日本料理を食べ歩いて研究するのは、もう少し先でもいいのです。新人のときにはとにかく何でも体験、なんでも食べてみる。その気構えが大事です。

日本料理を食べ歩いて味を突き詰めるのは、料理長になってからでも十分遅くないのです。それは料理長になってからの勉強の一つですから。

私も若いときには、いろいろなジャンルの料理を食べ歩きましたよ。おいしい店は、何年たっても忘れないものですね。

そのときの出会いから、今も続いてつき合っている料理人もいっぱいいますよ。

[4] 職場以外の人づき合いから学ぶ

板場（調理場）はチームプレーであるということはご存じですよね。ここでは職場以外の人づき合いから、みなさんが学べることをお話していきます。

新人のみなさんを大切に育ててくれる出入りの業者さんや市場の仲買人たちがいます。新人のうちは、わからないことだらけてしょうが、話を聞き経験をさせてもらうようにしてください。若いときには積極的にどんどん周りを見て、たくさんの人とつき合うことを心がけてほしいのですね。決して自分だけの殻に閉じこもらないでください。

いろいろな立場の業者さんと接する機会から、さまざまな質問や疑問をなげかけて会話してみることを試みてください。たくさんの意見や考え方に触れることで、あなた自身の感性や発想力も高まっていきます。

仕入れの業者さんと野菜についての会話をしたり、世間話に大笑いしたりと、普段からのコミュニケーションが重要です。

例えば、いつも大根を持ってきてくれる業者さんに「この前の大根、曲がったものもありましたけど、大根おろしに使ったら、すごくおいしかったです。新鮮な野菜をいつもありがとうございます」などと声をかけてみてください。

気軽に話せる相手であれば信頼も深まります。人とのつき合いというのは人情も大切だと、私は思いますね。

良いコミュニケーションを取るには、職場以外の人たちが支えてくれます。職場では得られない貴重な情報が集まるのです。そうして自ら集めた情報は、すべて料理人としての成長につながるのです。

また、経験豊富な料理人であっても、初めて見るものはいくらでもあります。それをどう扱っていいのかわからなければ、業者さんから教えてもらうことは多いです。

まぐろの品定めだって、料理人には難しいですし、市場にいる仲買さんたちの目利きにはかないません。それなら素直に教えてもらうことがいいのです。

聞くことは恥ずかしいことではないのです。

これは新人のときだけではなく、経験を積んでからでも同じであるということを覚えておいてください。

ここにどのような業者さんの出入りがあるのかをざっとまとめてみました。

知らないことは聞いて納得できるようにしてください。

●食材関係は、魚の卸業者／野菜・果物の卸業者／みそ・醤油・調味料の専門業者／酒の専門業者／乾物専門店／肉の専門業者／米卸業者……など。

●道具関係は、食器・鍋・釜の専門業者／刃物・調理道具業者／炭の専門業者／花・植木の専門業者……など。

●衣服布類関係は、調理制服専門業者／ナプキン・小物業者／おしぼり専門店業者／座布団業者……など。

●店舗設備関係は、電気専門業者／設備点検業者／家具家電専門業者／水道業者／畳ふすま専門業者／足ふきマット専門業者／店内備品専門業者……など。

このほかにも美術品絵画・掛け軸の専門業者など、たくさんの業者さんが出入りし、出会いがあるのです。みなさんの将来に役立つことがありますのでしっかりと聞いて学んでください。

第5章

古典から感性を学ぶ

第4章では日常での感性の磨き方について話をしてきました。この第5章では、古典から感性を磨くことについて話していきます。

あのスピルバーク監督もいっています。「学びは過去からしかできない。決して未来から学ぶことはできない」と。

ではなぜ、古典から学ぶことがいいのでしょうか？

先人が生み出した無数のアイデアのうち、良いものとして今日まで残っているのが古典です。目立った進化や、変化をしている伝統芸能もありますが、時を超えて、形を変えないまま、手本になるものも多いと思います。そこには思いもつかなかったヒントがあるのです。

料理人を目指す方々や新人のみなさんに役立ててもらいたいと思います。

1 伝統芸能から学ぶ
2 茶道、華道から学ぶ
3 俳句から見えてくる日本料理
4 過去から学ぶ

1 伝統芸能から学ぶ

古くからの日本の伝統や慣習を大切に重んじる日本料理ですから、伝統芸能や古典から学ぶことは多くあります。

伝統芸能には能や狂言、歌舞伎に文楽など、さまざまなジャンルが存在します。日本料理の歴史を紐解くと、茶道との関わりの深い能や狂言ともつながっている部分あるので、伝統芸能とは切っても切れない縁があるといえるのです。

能をはじめとした伝統芸能の演目には、五穀豊穣を寿《ことほ》ぐ演目などが多数あります。舞や謡《うた》いの中に、田植えをするシーンが盛り込まれているところから、日本古来の食生活や料理に対する考え方、光景などを垣間見ることができるのです。

能や歌舞伎を見る機会があれば、そういったことにも思いをはせながら見ることで、感性が養われていくと思います。

例えば、能や狂言には『猩々《しょうじょう》』という演目があります。猩々とは、中国の伝説上の生き物で赤い顔をして酒を好む動物だといわれています（サルとかオラウータンなどの説もある）。日本では七福神の一人「寿老人《じゅろうじん》」に置き換えられた時代もあったそうです。「お酒の神様」「富をもたらす福の神」として信仰を集め、日本でも能や狂言の演目として表現されてきています。

能の『猩々』は赤い童子の顔面に赤い頭髪、赤い衣装と赤ずくめで演じられます。これは、赤い色は酒を飲むと血行が良くなる、血の良い流れによってもたらされる豊かな生命力を象徴していると言われています。

日本には長寿を祝う風習がありますね。還暦には赤い羽織やかぶり物を着せて祝います（地域によっては赤ん坊に戻るのが還暦祝いともいわれています）。さらに「酒は百薬の長」といわれ、酒も元気で長生きの源だとされています。

料理の中にもこの猩々にちなんだ「猩々人参」という赤の鮮やかな人参を使っての椀物や煮物などの祝いの一品が登場することがあります。

他にも、能や狂言に由来する食材や料理はたくさんあります。そういうものに出会ったら調べてみると面白いですよ。

能や狂言、または歌舞伎などの古典を本格的に学習するのは料理長になってからで構いません。今は、なんだか面白い由来があるな、この不思議な名前はここから来ているのかと、そんなふうに知識として知っていることで十分だと思います。

2 茶道、華道から学ぶ

料理と茶道との深い関わりについては前にも触れましたが、戦国時代に茶道の影響から「懐石料理」が生まれました。心の安らぎを求めた武将たちに愛された茶道。そのお茶を楽しむ前にふるまわれた「懐石料理」は現代まで受け継がれています。

昔はその茶席のときの食事やお菓子なども料理人が用意し、仕出し弁当といっしょに届けることがありました。今では、お菓子は菓子職人が専門に届けています。

料理人はお茶の先生から依頼されると、旬の物を使った料理を届けるのです。お弁当は蓋を開けたとたんに季節を感じさせるように仕上げていましたよ。

新人時代には深く分からなくても、茶道や華道などのことについて興味だけでも持ってほしいですね。

例えば、茶道には、現代でも変わることのない作法やしきたりがあります。茶室に入る入り口は狭く、かがんで入ります。これはどんな身分の高い方でも、頭を下げなければ入れない、そのような意味合いがあるそうです。

また、茶を飲むときには、茶碗をまわしたり、口をつけた部分を拭《ふ》いたりと多くの作法があります。考えてみると、たかが茶を一杯飲むだけのことなのですが。

茶道の作法には、茶を飲む前に出される料理や菓子をいただくとき、懐紙の使い方や利休箸の扱いなどが料理の作法とリンクしているのです。


華道についても興味を持ってくださいね。

どこかの飲食店に入って、活けられた花を見て、「あ、きれいだなぁ」と感じたら、その気持ちを大切にしてください。

花は、季節を味わう最高のものです。

花屋さんに行くと、店内で売られているのはほとんどが洋花ばかりで、和花を扱う店は少なくなっていますね。

では、華道では、どのような花を選んでいるのでしょうか。もちろんお店に行けば洋花の組み合わせ、和花の組み合わせなどを教えてもらえます。今は少なくなりましたが、ここでも守るべきしきたりがあります。和室に入るときの所作、敷居をふまないこと、あいさつの作法などです。

新人のうちは難しく思うでしょうが、季節の花を見極められるようになる感性を得るためには、華道で受け継がれてきた作法を知ることも大切なのです。

日本料理店では、お客様に生花を見ていただき、季節を感じていただくことも大事なおもてなしなのです。店にチューリップが咲いていても生花が飾ってあっても、「春ですから」は、いただけないですね。

しっかりと自分の目で見て確かめたり、感じたり、季節と花のシーズンを理解することも怠らないでください。

自分の成長に役に立つことは自分の感覚でキャッチしてください。

日本人に長い間親しまれて来た「和花」とその「花ことば」も紹介しておきます。

花の咲く色や姿によって「花ことば」に違いかありますが、おもてなしの参考にしてみてください。

冬

豆知識

和花と花ことば

料理人の洒落として覚えておくと、お客様との会話もはずみますよ。
花の見ごろは地域によって違いますので、季節は大まかにわけています。

水仙

「うぬぼれ」「自己愛」「報われぬ恋」。
咲き誇る可憐な姿が愛おしい花ですが、
店内に飾ることは少ないです。

椿

「気取らない優美さ」「控えめな愛」
「完全なる美しさ」。
凛として咲く姿が美しい冬の代表的な花。
季節をお客様に感じて頂ける一輪です。

牡丹

「風格」「富貴」「人見知り」。
豪華な花は長きにわたり愛されています。
和室などに飾るのにふさわしいです。

梅

「優美」「上品」「忍耐」「高潔」。
古くから好まれている春の象徴花。
1月から2月には、なくてはならない花です。

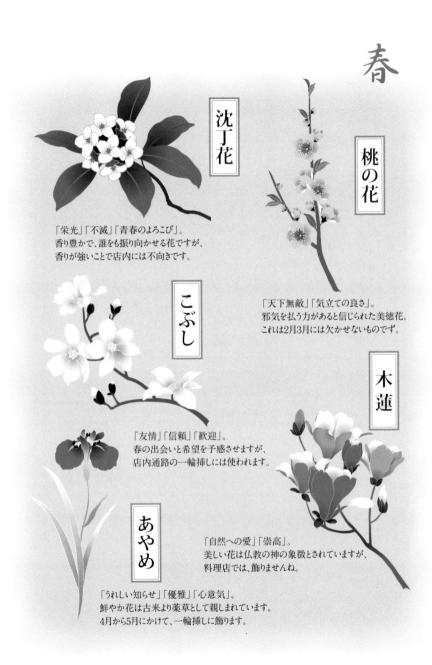

春

沈丁花

「栄光」「不滅」「青春のよろこび」。
香り豊かで、誰をも振り向かせる花ですが、
香りが強いことで店内には不向きです。

桃の花

「天下無敵」「気立ての良さ」。
邪気を払う力があると信じられた美徳花。
これは2月3月には欠かせないものでず。

こぶし

「友情」「信頼」「歓迎」。
春の出会いと希望を予感させますが、
店内通路の一輪挿しには使われます。

木蓮

「自然への愛」「崇高」。
美しい花は仏教の神の象徴とされていますが、
料理店では、飾りませんね。

あやめ

「うれしい知らせ」「優雅」「心意気」。
鮮やか花は古来より薬草として親しまれています。
4月から5月にかけて、一輪挿しに飾ります。

春

雪柳

「愛らしさ」「静かな思い」「賢明」。
枝を埋め尽くす花は物静かで愛らいが、
散るのが早いので、飾ることは少ないです。

桜

「精神の美」「豊かな教養」「優美」。
華やかで明るい風情は春爛漫を伝えます。
料理店には、必要な花です。

つつじ

「節度」「慎み」「初恋」。
若く美しい女性と言われるほどの清々しさを誇りますが、店内向きではないので、飾りませんね。

しゃくなげ

「荘厳」「危険」。
重々しく立派な姿は見事でおごそかです。
香りが強いので、飾るのには不向きです。

鈴蘭

「待ち望む」「永遠の約束」。
純粋で清らかな花はいつしか和花として…。
生花として飾ってもあまり映えないので…。

夏

藤の花

「優しさ」「歓迎」「忠実」「恋に酔う」。
粋で艶やかさが、心にしみる和花の代表です。
店内装飾や庭の植木には、とても向いていますよ。

桐の花

「高尚」。
花はどこか神々しく近寄りがたい雰囲気をもっています。
料理店では、飾ることはないですね。

葵

「大望」「野心」「豊かな実り」。
明るい将来を見据えた花は太陽に向かう。
美しいですが、華道で使われることが多いです。

芙蓉

「繊細な美」「しとやかな恋人」。
一日でしぼむ花のはかなさが可憐で美しい花。
店内に飾ることはありません。

夏

山吹の花

「気品」「崇高」「金運」。

細くしなやかな枝が風に揺らぐ姿は実に美しいですが、花が細かく散るので飾りませんね。

百合

「純粋」「威厳」「陽気」「偽り」。
堂々と咲く姿に純粋な印象あたえる不思議な花
飾ることで、季節を感じてもらえる花です。

紫陽花

「強い愛情」「知的」「寛容」「辛抱強い愛」。
初夏の曇天に美しさを補う花ですが、
店内装飾には、不向きですね。

朝顔

「淡い恋」「愛情」「結束」。

千年も愛され続ける儚くも可愛い花。

これは鉢植えでしょう。のれん下にあると喜ばれます。

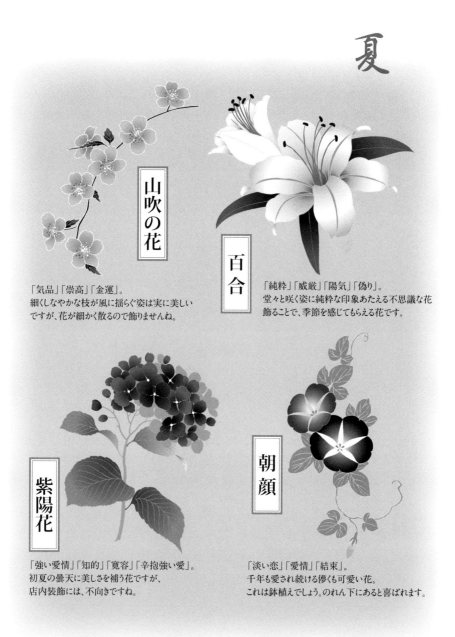

秋

萩の花

「思案」「内気」「柔軟な精神」。
小さく華麗な花が物静かで哀愁をそそりますが、
飾るとしたら、よせ花の一つとして使いますね。

桔梗

「永遠の愛」「気品」「変わらぬ愛情」。

色鮮やかに上品な風情を漂わせる。

一輪挿しで、秋を感じてもらえる花です。

金木犀

「気高い」「真実」「謙遜」。

控えめな小花は内に秘めて溢れ出す心を表す。

これも香りが強いので料理店には不向きです。

りんどう

「正義」「誠実」「悲しんでいるあなたを愛する」。

日本古来の美しき花はいつの世でも愛されつづける。

一輪挿しで季節の雰囲気が演出できる花です。

山茶花

「困難に打ち克つ」「ひたむきさ」「理想の恋」。

椿にも似た愛嬌があるように見える可愛いい花です。

これは、店内装飾としてよく使われます。

秋

ぼけ

「先駆者」「指導者」「妖精の輝き」。
種類も多く魅力的な花は輝きを
放つと言いますが、
あまり使いませんよ。

彼岸花

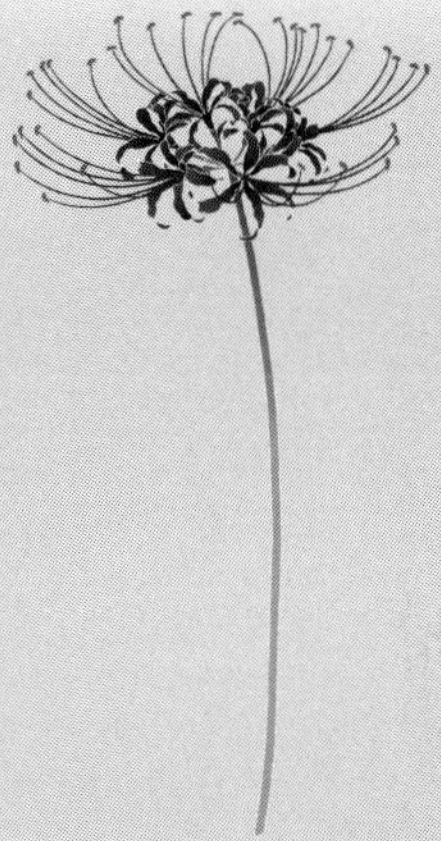

「悲しい思い出」「あきらめ」「情熱」。
秋の彼岸に一斉に咲き誇る赤き集団。
坪には庭のある料理屋では
見かけることもあります。

菊

「信頼」「高貴」「高潔」。
薬効と美しさから不老長寿の花と言われ愛されています。
秋を代表する花として飾り、豪華さを表すのに最適です。

花のイラスト / 和花素材集 四季花暦 上下巻 より

3 俳句から見えてくる日本料理

俳句にはよく食材、料理が登場します。食材や料理を使って季節を表現している句もよく見受けられます。

俳句と料理はリンクしているので、俳句を知ることによって料理の世界が見えてきます。

目に青葉　山ほととぎす　初鰹

あら何ともや　昨日は過ぎて　河豚汁《ふぐじる》

前の句は、江戸時代の俳人・山口素堂《やまぐちそどう》の句。そして次の句は、素堂と親交の深かった松尾芭蕉の句です。

どちらも季節感をよく表していますし、季語として食材、料理が使われています。

芭蕉の句は、「昨日ふぐを食べたけど（ふぐの毒にあたることもなく）なんともなかったよ」なんて茶目っ気もたっぷりです。

ほかにも多くの俳人たちによって、食をテーマにした俳句はたくさん作られてきました。

色付くや　豆腐に落ちて　薄紅葉　　松尾 芭蕉

鮎くれて　よらで過行く　夜半の門
やぶ入りの　夢や小豆の　煮えるうち　　与謝 蕪村

冷し瓜　二日立てども　誰も来ぬ
おらが世や　そこらの草も　餅になる　　小林 一茶

とても愉快で、日常的な俳句です。

前にも話しましたが、江戸時代、太平の世の料亭で出されたのが「会席料理」。俳人たちの集まり、連歌や俳諧のときに楽しんだ料理で、酒を中心にした宴会料理ともいえます。前菜から煮物、焼き物などと出され、最後にご飯と汁が出るというものでした。

つまり、作句をしながら日本料理も一緒に楽しんだというわけです。

名句誕生の陰に日本料理ありということです。

ここではくわしくお話しませんが、絵画や短歌などのほかの芸術も食や料理と深く関わっています。

興味のある方は自分で調べてみるといいですね。面白い発見があるかもしれません。

[4] 過去から学ぶ

料理長クラスになると、料理の名前を考える機会が多くなります。そんなとき季節を表す大和言葉や古くから暦で使われている二十四節気（この章の後ページで紹介）などから取る場合もあります。

例えば「松花堂弁当」（口絵13ページ参照）などは江戸時代の書道家で画家としても活躍した僧侶・松花堂昭乗《しょうかどうしょうじょう》が絵具や薬を入れていた箱に由来するといわれますが、その箱も元々は農民が、種を入れて使っていた十字仕切りのある便利な箱でした。僧侶が亡くなられた後に、大阪の邸内に茶室「松花堂」を所有していた商人が懐石料理や茶で客をもてなす茶事を開き、そのたびに料亭に料理を注文していました。料亭では、十字に仕切られた木箱に料理を盛りつけることを考え、見た目にも美しく、香りや味が他の料理に移らないことから、使われ始めたそうです。このネーミングは江戸時代にさかのぼるのです。

また、「聖護院かぶと大黒しめじのゆずみそがけ」というのがあります。

聖護院かぶの由来は、寺の近くに住んでいた農民が近江かぶの種を持ち帰って栽培し、改良したかぶです。聖護院は平安時代から天皇家と深い関わりを持つ、格式の高い本山修験宗の寺院店のです。この聖護院のかぶを使った料理が格式高いイメージから好まれたのだといわれていますね。

大黒しめじは、大黒天のかぶり物に似た大きなキノコで縁起物として使われる食材です。

このように、料理名には、言われや、縁起物の組み合わせなどがたくさんあります。

「むかご松風」という京都の菓子の名前にはいろいろな説があります。

中でも本当かなと思われるものは、織田信長が菓子を食べながら詠《よ》んだとさせる歌が名前の由来とされているものです。

わすれては、波のおとかとおもうなり
枕に近き　庭の松風

ちなみにむかごは山芋や自然薯の葉のつけ根にできる球のよう芽のことです。豆粒サイズの小粒な芋で菓子などに使われます。松風は、和風カステラの様な小麦粉主体の菓子です。

料理名におもしろいものがありますのでいくつか紹介します。

「金柑密煮《きんかんみつに》と網笠《あみかさ》ゆず」

金柑の上に青い葉が二枚、まるで網笠のような姿に見えるのでつけられた料理名。

「蟹身《かにみ》の東寺《とうじ》巻きと干しずいきの含め煮」

東寺に収められている空海の法典（巻きもの）のように造ることからついた料理名。

「はなびら餅　かぶらとほうれん草の霞煮《かすみに》」

夜霞のように半はり透きとおる仕上がりにする美しさから命名。

「車えびの道明寺煮《どうみょうじに》　芽巻筍《めまきたけのこ》」

この寺の尼僧が作る糒《ほしい》（蒸して乾燥させた保存用のご飯）を粗めに挽いた粉を道明寺粉と呼び、その名がついたと言われています。

「鯛《たい》の子鳴門《なると》巻き」

鳴門の渦のように見立てたことからその名がついた。

「鰻《うなぎ》の印籠煮《いんろうに》」

武士が腰に下げていた印籠に見立て、中にごぼう巻きを詰めたのに由来。

また、すすき隠元《いんげん》、忍び生姜《しょうが》などと名のついた料理の添えものなどもあます。調べてみると実におもしろいです。

日本絵画の花鳥風月や江戸浮世絵からヒントを得た料理名などもあります。いろいろなジャンルの伝統芸能などにふれて、オリジナルの料理を作れるようになったら、料理のネーミングにもぜひチャレンジしてみてください。

自分が考えた新作料理に料理名をつけ、それが広く行き渡って、多くのお客様に愛されるかもしれませんよ。

豆知識

暦の二十四節気と雑節・年中行事

二十四節気とは、一年を二十四等分し季節や天候の目安とされてきたもので、飛鳥時代に中国から伝わり、日本の季節に合うように改定されてきたのです。

これを補うために日本で作られたものが雑節で節分、彼岸、社日、土用などがあります。農作業と生活には、昔から深い関係が続いているのです。

二十四節気・雑節

◆小《しょう》寒《かん》　一月五日、正月明けの寒い日とされています。

寒気は増し、降雪をときには見ることも多くなる時期です。

◆大《たい》寒《かん》　一月二十日・最も寒い日といわれ、春が待ちどうしい季節です。

◆立春《りっしゅん》　二月四日、節分の翌日です。この日から春となります。

◆雨水《うすい》　二月十八日頃になります。この頃から草木が芽吹き始まるといわれています。

◆啓蟄《けいちつ》　三月五日、冬眠していた地中の虫も出て来る頃といわれます。

◆春分《しゅんぶん》　三月二十一日で、一般的には春の彼岸の中日とされています。

◆清明《せいめい》　四月四日、桜花爛漫、清新の気がひろがるころといわれています。

◆穀雨《こくう》　四月二十日で、春雨が田畑をうるおしてくれる時期といわれます。

◆立夏《りっか》　五月五日、端午の節句の日が、爽快な夏の始まりとされています。

◆小満《しょうまん》　五月二十一日で、陽気に高まり万物は満足するといわれている時期だそうです。

◆芒種《ぼうしゅ》　六月五日とされ、農家の方々は忙しくなる季節のことです。

◆夏至《げし》　六月二十一日頃とされ、昼が最も長く、夜が最も短くなります。

◆小暑《しょうしょ》　七月七日、七夕祭りの日に当たります。この頃に梅雨があけるといわれています。

◆大暑《たいしょ》　七月二十二日、この頃には夏の暑さが絶頂に達する時期とされています。

◆立秋《りっしゅう》　八月七日、暦の上ではここから、秋となります。

◆処暑《しょしょ》　八月二十三日頃です。朝夕は少し涼しい初秋の気配を感じ取れる時期とされています。

◆白露《はくろ》　九月七日で菊の節句、九月九日の一日前の日です。いよいよ秋本番といわれるときです。

◆秋分《しゅうぶん》　九月二十三日、秋の彼岸の中日とされていて、この日は、昼と夜の長さが等しくなるといわれています。

◆寒露《かんろ》　十月八日、朝露が見られ、一段と冷たい空気に、秋の深まりを感じる時期です。

◆霜降《そうこう》　各地で霜が降りたといわれる十月二十三日頃です。

◆立冬《りっとう》　ここから冬の始まりです。十一月七日、日も目立って短くなります。

◆小雪《しょうせつ》　十一月二十二日頃で、北の方から初雪の情報が入るころです。
◆大雪《たいせつ》　十二月七日で北風も日増しに強く、寒い時期です。
◆冬至《とうじ》　十二月二十二日、昼が短く、夜が最も長い日です。

年中行事

◆元旦　一月一日　※正月は、年の初めの行事として全国的です。
◆成人の日　一月十三日
※毎年変わります。また、地域によっても行事日程は変わります。
◆節分　二月三日　※豆まきをして、鬼を追い払い、福を招き入れる行事です。
◆建国記念日　二月十一日
◆初午《はつうま》　二月の第一午の日を初午と言い各地の神社では祭事が行われます。
※これは暦などをチェックしてください。

◆**雛祭《ひなまつ》り**　三月三日　※上巳《じょうし》の節句《せっく》、桃の節句ともいわれています。

◆**春分の日**　三月二十日

◆**昭和の日**　四月二十九日

◆**八十八夜**　五月一日　※農家などでは種まきの最適な時期といわれています。

◆**憲法記念日**　五月三日

◆**みどりの日**　五月四日

◆**端午の節句**　五月五日　※男児の節句ですが、現在では、こどもの日になってきています。

◆**七夕祭り**　七月七日　※祭りは別名、銀河祭り、星祭りともいわれて親しまれています。

◆**海の日**　七月二十一日

◆**山の日**　八月十一日

◆**菊の節句**　九月九日　※重陽《ちょうよう》の節句とも呼ばれ、菊の花を酒に浮かべて飲む、栗ご飯を食べる、不老長寿を祝う行事です。

◆**敬老の日**　九月十五日

◆**中秋の名月**　十月六日

◆**スポーツの日**　十月十三日

◆**文化の日**　十一月三日

◆**勤労感謝の日**　十一月二十三日

◆**クリスマス**　十二月二十五日　※今ではすっかり日本の行事のようになり、華やかな催しも行われています。

◆**大祓**《おおはらい》　六月三十日と十二月三十一日に行われます。※国家や万民が犯した罪やけがれを払う神事として行われ、伝えられています。

このほかにも、社日《しゃにち》や三伏日《さんぷくび》、甲子《きのえね》・庚申《かのえさる》・己巳《つちのとみ》の日と称し、祀り事などが行われています。

◆**入梅**《にゅうばい》　六月十一日頃。※この日は雨とはなりませんが植物や野菜などが水を待ちわびる季節ともいわれています。

◆**半夏生**《はんげしょう》　七月二日頃。※梅雨明けといわれています。

◆**二百十日**《にひゃくとおか》　九月一日頃。※稲の開花期を迎えるといわれています。

◆**二百二十日**《にひゃくはつか》　九月十一日頃。

※台風が上陸しやすい「農家の厄日」として知られています。

◆**彼岸**《ひがん》　春分、秋分の日の前後、それぞれ七日間を称します。

◆**盂蘭盆**《うらぼん》　七月十三日から十五日までの三日間。

※迎え火、送り火、灯ろう流しなど郷土色豊かな行事が有ります。

暦をひもとくことも知識として知っておくべきと思い紹介してみました。

第6章

作法や様式の意味を知る

日本料理には、さまざまな作法や様式、しきたりに基づいた考え方があります。日本人の美意識にもつながっているものが多く料理人としての意識を高める大切な事柄です。
お客様の日本料理の召し上がり方などは第1章で紹介しました。この章では、料理人側の立ち位置についてお話しします。

この章では、次の5つのテーマに沿って進めていきます。

1 作法や様式は何のためにあるのか
2 日本人独特の食べ方「口中調味」を知る
3 五色のバランスを考える
4 五味をそろえる
5 五法を覚える

1 作法や様式は何のためにあるのか

作法や様式には「格」を与えるという意味合いがあります。
それは人の格であり、店の格であり、料理の格でもあります。

料理人としての格という部分でいえば、職人としての意識を常に持つことが重要です。先にも申し上げた通り私は常に「料理人は芸術家ではない。職人であれ」と思っています。最近の料理人の中には、料理を自分の自己表現として捉え、芸術的で「美しい料理を作る」ことに力を注ぐ人もいます。自分の店を持ち、自分の表現をする分には構わないでしょう。しかし本来、日本料理店でお客様をお迎えし、料理をお出しするという意味においては、芸術家気取りでは店は成り立ちません。

百人のお客様に対して、「同じ味の料理を、同じクオリティでお出しする」、それが料理職人としての誇りであり、格を作る大事な要素でもあります。つまり料理人としての値打ちは、職人としての力があるかないかで決まるものだということです。

いくら上等な素材を使って芸術的な一皿が作れても、一期一会（そのとき限り）の料理を出していてはいけないのです。芸術的な料理が出せることを「格」だと思わないでくださいね。他にマネのできないことをするというのはかっこいいことのように思いますが、それが再現不能、人に教えることができないのでは、話になりませんから。

料理人ならまず料理を作る職人としてのプライドを忘れないでほしいのです。

そうした高い職人意識を持った料理人が集まれば、自然とその店の料理の質は高くなり、その店の格も高いものになっていきます。

先人たちから受け継いできた作法や様式を知り、実践していくことは、日本料理の「格」を守っていくことにほかなりません。

「格」についてお話してきましたが、みなさんは「格」とは、いったい何だと思いましたか……。

目には見えませんし。ただただ料理作りが上手といわれるだけなら、職人ロボットと同じです。

実に曖昧《あいまい》なものなのですが、いわゆる値打ちのことであり、優劣をつけるための言葉であることはおわかりいただいているかと思います。料理の世界でいえば、店や料理（味）、料理人に対しての評価にあたるわけです。

自分自身は値打ちのある料理をお出ししているのだと思っていても、あるときから、馴染《なじ》みのお客様が来なくなる。そこで、ふと、気づくのでは遅いのです。

繰り返しになりますが、経験・実力・料理人としての地位・職人意識の全てを備えるために努力してほしいと切に願います。

2 日本人独特の食べ方「口中調味」を知る

現在の、特に外食で出合う和食は、洋食の影響を受けたものが少なくありません。日本料理でも同じ傾向が見られ、素材そのものを食べるのではなく、ソースやドレッシングなどを用いた味つけが増えてきています。これは良くないことだと私は思っています。

日本人は本来、口の中で食材の味の違いを感じ取ることができるといわれています。これは日本人特有のもので、味覚に対しての感覚が優れているのだともいわれます。しかし、今日ではなにを食べてもおいしいと感じるような味覚音痴の人も増えていると思います。これについては、家庭の食生活や日常の食にも問題があるのではないかと考えています。

子どもの頃から加工品や添加物まみれのジャンクフードやスナック菓子を好きなだけ食べることができる。そんな自由と引き換えに、くるいが生じている味覚感覚を私はとても残念に思います。

みなさんの中には小学校の給食や家庭の食事などで、「三角食べをしなさい」と教えられた人はいるでしょうか。三角食べを知らない方もいると思いますので少し話しておきましょう。

１９５０年ごろから、日本で始まった学校給食制度で、ミルク、パン、おかずの順に食べる方法が三角食べです。当時の給食では今の牛乳とは違う、脱脂粉乳のミルクが出されていました。独特の風味があったので苦手な子が多かったのですが、そのミルクを飲ませるための手法として推奨されたといわれています。

栄養管理の観点からも大切だったのでしょう。食に関する指導の手引きとして教育現場に広がり、それが家庭に広がったと考えられます。この三角食べこそが口中調味です。

では、口中調味というのは新しい食べ方ですか？　となるでしょうが、実は、昔からのものなのです。

江戸時代には寿司が流行り、赤酢のにぎり飯に魚の切り身をのせて食べ、さらには魚の生臭さを消すためにワサビを挟み、醤油をつけて食べるスタイルができあがりました。口の中で味のハーモニーを楽しむ食べ方ですね。

時代劇の食事のシーンでは片手にはにぎり飯、片手に菜っ葉など持ち、口に入れ、おいしそうに食べていたりしますが、この食べ方が「口中調味」なのです。私たち日本人は江戸時代以前からこのような食べ方をしていたといわれています。

スナック菓子で満腹にしたり、激辛で口の中に刺激を与えて満足したりと人の好みはさまざまですが、それぞれの素材の味をしっかり味わうことができる日本人特有の「口中調味」を意識して、日本料理の味のハーモニー、醍醐味を楽しんでいただけたらと私は思って板場に立っています。

みなさんにも、料理に合わせられた食材とだしの中身までお客様に感じとっていただけるような料理作りを意識してほしいと思います。

３ 五色のバランスを考える

日本料理の調理の上で大切にすべき、五色・五味・五法という考え方があります。

- 五色とは、白、黒、黄、赤、青。
- 五味とは、甘み、塩み、酸み、苦み、辛み。
- 五法とは、切る、焼く、煮る、揚げる、蒸す。

これらについて順に説明していきたいと思います。まず五色の考え方についてです。

もともとは流派によっての決まりがありました。

例えば、四條流《しじょうりゅう》なら青みの食材は右に置き、五色を取り入れる場合には、大きなものは淡い色にする、といったものです。

私が若い頃はそれが当たり前で、基本として教えられていました。

料理で言う「五色」とは、赤・青（緑のこと）・黄・白・黒（濃い紫、茶）のことです。

例えば、野菜の赤は、にんじん、赤かぶ、トマト。青は大葉やほうれん草、うすい豆、きゅうり、水菜などで、黄色はかぼちゃ、さつま芋、筍、ゆず、金柑です。白は大根やかぶ、れんこん、山芋、白菜で、黒はキノコ、ぜんまい、ごぼう、むかご、きくらげなどがあります。

これは野菜のほんの一部ですが今の日本料理では、野菜と玉子、豆腐、魚介類、肉類などを自在に組合せて五色にすることで、美しい盛りつけとされています。

しかし、洋食の影響を受けて色合いも変わってきましたし、新しい食材も使うようになりましたので料理そのものも変わってきていますから。当然、盛りつけも変わってきています。

長い洋皿に、ちょっとずつ料理を乗せれば、確かに見栄えはいいです。

「赤を目立つように」「緑も目立たせて」「黒はちょっと沈めておく」など盛りつけの基本的な考え方にも変化が表れています。

昔と違って、今はお客様が料理を食べる前の写真を撮る機会も増えています。そうした流れを受けて、見た目の華やかさを意識する料理も増えているように思います。

しかし、本来日本料理には、しきたりに則ったものがあったのです。

「炊き合わせ」という料理には五色五品が原則です。にんじん、絹さや、かぼちゃ、大根、ごぼうの五色の組み合わせや、にんじん、小松菜、銀杏《ぎんなん》、湯葉、キノコの組み合わせなど、あります。

そもそも炊き合わせとは、煮物とは違って一つ一つの素材を別々に炊いて（煮ること）盛り合わせわせていきますので煮物のように見た目も一色《ひといろ》にはなりません。

五色の本来の意味については諸説ありますが、赤の食材は食欲増進、青色は安心感を表し黄色は華やかさ明るさ、白は清潔感を、黒色の食材は盛りつけ全体を引き締めるといわれ、それぞれの色に意味や役割があるというわけです。

4 五味をそろえる

素材の持つ味を活かすように意識することは、料理人にとって重要なことです。「五味」も「五色」と同じで昔から料理の基本とされてきました。

今は酸みというのが五味の中から抜けてしまうときがあるようですが、酸みは食欲増進を促すものとして必要な味です。お造りや揚げ物などに添える果実、小鉢の酢の物などがあります。

また、苦みをおいしく感じるというのは一瞬のことですが、苦みがずっと残るような調理の仕方はお客様に好まれません。

ふきのとうなど、ほろっと苦味を感じるものを、最初に少しお出しするのが、適量となります。

吸い物にしても塩分はどのくらいがちょうどいいのか、ひと振りなのか、ひとさじなのか。答えは最初の一口目が「なんか薄いな」と思うくらいがちょうどいいのです。飲み終わったときに、「あぁ、おいしかった」と思っていただける味つけをすることが大切です。料理の中には、甘みと塩みを同時に感じさせるものもあります。鴨の治部煮《じぶに》です。このときもそれぞれのバランスを考えながら、食べ終わったときにどう感じるのかという「食後感」を調理前から意識することが大切です。

辛みも調節が大切な味となります。「京芋みそ煮」には必ずからしが添えられますが、みそ煮の味つけとのバランスがとても重要となります。みその味を薄めにして、からしを引き立たせる調理と反対にみその味を濃いめに、からしはほんの少し添える調理がありま す。料理人によって作り方も変わりますが、いずれにせよ京芋の風味をなくしてはいけませんね。

お客様にお出しする、料理の順序は店によって異なりますが、五味を必ずそろえて提供するのが日本料理だと私は思いますね。

ところで、これは流行りのようにも思いますが、最近の吸い物は、蓋を開けるといきなりかつおの香りがしたりします。特に割烹などでよく感じることなのですが、それをよしとしている時代のようにも感じられます。

しかし本来、日本料理であれば最初からかつおの香りが立ち込めるものではなく、ほのかな香りを先に楽しむものなのです。それはちょっとしたゆずの香りのような、ほのかで上品なものであるべきなのです。まずはゆずや三つ葉の香りを楽しんで、それから飲み進める。最後まで飲み干したときに「いいだしが出ています、良いかつおを使っていますね」と、感じられるような風味がいちばんいいと思うのです。

このような感覚は繊細で重要です。感じられるように日頃からレッスンしてくださいね。料理人としてのスキルを高めていくためには繰り返しになりますが、自分でも食べてみること、五味をそろえているか、そのバランスの確認も大切な仕事です。

余談ですが、私は子どものころ、祖母から「時間が経つと料理の味は濃くなってしまうから、味つけは薄味にするんだよ」と教えられて育ちました。

煮つけでも、最初は薄いかもしれませんが、一時間経つと味の濃さも変わります。だしが染み込んできたらどんな味に仕上がるかを意識しながら、お客様の食べるタイミングを計りながらの味つけも重要なのです。

5 五法を覚える

「五法」というのは調理の５つの基本のことを表します。

切るというのは、日本料理にとっては大きな役割を果たします。魚の刺身は切り方一つで味が変わると道具のところでも話ましたがどんな食材でも少なからずは生まれます。

また、飾り切りなどで梅にんじんや千枚桜花大根など季節を演出することも切る作業から生みだされます。

焼くという作業にも繊細さは必要です。

例えば、鮎の塩焼きでは、串（鉄製の細い串）を鮎に2本刺して泳いでいるような姿にします。塩をふり、炭火で焼いていきます。表面の皮はこがさずていねいに仕上げて串をはずして盛りつけます。

また、煮る作業では食材の特徴を知って火加減のコントロールがもっとも重要になります。根菜などは弱火でじっくりと、葉物は強火にさっとくぐらせて色味を際立たせることなどが基本として大切になります。

揚げる作業も難しいことがたくさんあります。おいしく作るためには食材によって揚げる油の温度や時間の調節が重要となりますね。

また、料理の見せ方にもつながるので大変な作業です。

例えば、大葉の葉の半分に天ぷら粉をつけ、油の鍋にほんの数秒入れると、天ぷら粉をつけた部分は白く、大葉の緑が濃く見栄えよくなります。料理に添えて、おいしさを演出することがよくあります。車えびを揚げるときは尾の部分には天ぷら粉や道明寺粉はつけずに尾の赤色をしっかりと見せます。

蒸す、これも手間のかかる調理方法です。

コンロの火加減の調整、蒸し器の中の湯分量、うまくしないと中身が崩れてしまいます。ちょうどいい塩梅で蒸し上げるにはしっかり調理のポイントを教わり、野菜、魚介類など、素材の違う蒸し料理も先輩たちによく聞いて覚えていってください。

近年は電子レンジやオーブントースターなども板場で使うことも多くなってきましたが、五法という調理の方法は、大切に受けついでいってください。みなさんには基本としてしっかり学んでいただきたいです。

豆知識

覚えておくと便利な盛りつけのこと

日本料理には基本の五色・五味・五法があることをお話ししましたが、盛りつけにはないのでしょうか？　と聞かれることがありますが、昔からのことではありません。私が大切にしたいと思っている盛りつけのポイントは色合い、香り、そして、感じられる暖かさや清々しさ、さらには盛りつけられた料理から聞こえてくる音ですね。なにを言っているのかと笑われるでしょうが、一つ一つを工夫し意識することです。日本料理の盛りつけの基本中の基本として覚えておいてください。

- 立体感や高低差つけることを意識する。
- 大きな食材は向こう側に、小さい食材は手前に置く。
- 色合いが似ている料理を隣同士に置かない。

●彩りを考えてメリハリをつける。
●器との相性に気を配る。
●どこかで見たような庭園の姿を感じさせるように工夫する。
●器の中から香りや音が想像できるように盛りつける。

これは私流ですが、小鉢に盛りつけた「鳴門穴子《なるとあなご》と湯葉の炊き合わせ」では鳴門のうず巻く波の音を感じていただけるように意識しています。

また、料理の種類や盛りつけによって、次のような基本もあります。

●焼き魚は、魚の頭が左を向くようにするのが原則です。
春の一品に、「めばると筍の煮つけ」がありますが鮮やかな青の皿に盛りつけることで静かな水面を飛び跳《は》ねる躍動感が生まれたりします。

今では右向きにすることもありますが基本は左が頭です。

●刺身は、食べる順に沿って、左側に淡白な魚、右側に貝類、奥（真ん中）に赤身魚という位置で盛りつけます。あくまでもお客様へ向けての料理の出し方です。

他にもいろいろな盛りつけ方がありますが、基本として覚えておくとよいでしょう。

第7章

自分の名前で戦える料理人になるために

本座学もこの章が最後です。

これまでのことを踏まえて、いよいよ自分の名前で活躍できる料理人に必要なこととはどのようなことなのか、そしてなにを心がけていくべきかについて、お話していきたいと思います。

料理人として成功を修めるために、職人であるという強い意識を持って自分というブランドを磨き、国内でも海外でも高い評価を得られる立派な料理人になって欲しいと願っています。

次の3つのテーマに沿ってお話していきます。

1 計画と目的意識を固める

2 目標の見つけ方

3 料理職人として誇りを持つ

1 計画と目的意識を固める

みなさんは料理の世界に入ったからには、自分の店を持つ、ホテルの総料理長になる、憧れの料亭で料理長とて働くなど、将来のビジョンを意識するときがくるはずです。

前向きに仕事に取り組んできた料理人ならば、いつかは自分の名前で活躍できる存在になりたい、自分の店を持ちたいと考えるのは自然なことです。

それは料理人として、大切な姿勢だと思います。若いうちは、置かれた環境で多くのことを吸収しながら、「いつか」を夢見て着実に研鑽を積んでください。

夢を実現するためには、目標を定めた上で、そこにたどり着くまでのロードマップをしっかりと引くことです。

例えば、3年間キャリアを積み4年後には料理長になる……などの目的意識は、紙に書いて毎日確認をすることが大切だと思います。心の中での決意では、いつか曖昧になってしまいます。もちろんその時期にぴったりと料理長になれるとは限りませんがね。

みなさんはこんな言葉を聞いたことありますか？「人は自分のなりたい人になれる」「未来と自分は変えことができる」と心理学上でよくいわれています。

何年後にはこんな自分でありたいという通過点でのイメージを明確に持ちながら、計画を立てることが必要なのです。そしてなによりも大事なのは実現のためには、流されない自分を確立することです。

「郷に入れば郷に従え」という言葉がありますが、それは必ずしも良いことばかりではありません。無理をして環境に馴染もうとする人がいますが、それだけに終始していては広がりがなく、自分の成長にもつながらないこともあります。

自分の名前で活躍できる料理人になりたければ、「今、自分は何をすべきなのか」を常に考えて行動することが大切なのです。

料理はマネから始まるということをお話しました。先輩を見て、技術や仕事への取り組み方を学ぶことが大切なこともお話しましたよね。いっしょに働く者同士、コミュニケーションを取ることは良い関係を築くことにもつながりますから。

でも、生活面で慣れ合いになってしまうのはいけません。先輩方の良いところだけ見習って、悪いところは見習わなければいいのです。

例えば、先輩がやっているからと、同じように酒を飲んで文句ばかり言っているのをマネするようでは成長につながりません。

先輩がいっていることや、その職場で慣習的に行われていることなどに対して、何も考えず無条件ですべてを受け入れるのではなく、一つ一つの意味を考えてみることが必要です。

そして正しいジャッジをするのはあなた自身なのです。正しい判断・選択をしてください。

集団の中にいても、ただ流されるのではなく、しっかりと自分の考えを持って、この先歩いていく道を見定め、着実に進んでいけるだけの心の強さを持つよう心がけてください。

もちろん、自分の意見や個性を大切にした上で、周囲の人たちの考え、職場環境や文化（しきたり）を理解することも重要なポイントです。

先人はこんな言葉を残しています。

「なせば成る　なさねば成らぬ　なにごとも　成らぬは人のなさぬなりけり」

米沢藩九代藩主、上杉鷹山《うえすぎようざん》の名言です。

どんなことでも、やろうと思って努力すれば必ず実現できるし無理だと思ってあきらめ、努力しなければ絶対に実現できない、という意味です。

心の隅にぜひ、留めておいてください。

2 目標の見つけ方

自分の料理人に目標を持つことが大切だということは前にもお話しましたね。目標を実現させるためにはしっかりした設定が必要です。

そして目標設定を定めるために、理想とする人を見つけることも必要ですね。

理想とする人とはテレビや雑誌で活躍している人だけではありません。前にも話しましたが、自分の出会った信頼おける業者さんや店主さんからの情報、独立した先輩たちからの情報、さらに、自分が訪ね会話を交わした人たちをよく分析し、理想とする人を見つけることも重要です。

目標にすべき人は、一人であることにこだわる必要はないかと思います。新人の頃から、いつも平常心（冷静さ）と情熱（料理に対するパワー）をうまく使い分けて、なにをすべきか、今は誰を目標にすべきかを判断すればいいかなと思います。

今はAさんという料理人が自分にとっての理想で目標にしているけど、Bさんにも魅力があるので目標の一人にしてみよう、ぐらいの臨機応変さがあっていいと思います。

これは、料理人の世界に限ったことだけではないと思いますね。そして、うまくいかないときには、初心に立ち戻ることも大事です。もう一つの考え方では冷静に期間をおくことで、自分を見失わないことにもなります。

しっかりと目標を定めて、今自分がいる位置を確認し、「チャンスを逃さない。必ずチャンスはやってくる！」と前進することも大切です。

私は実際に、料理人として理想と思える人と出会っています。

その方はすでに亡くなられてしまいましたが、私がここまで料理の世界でやってこれたのは、その方の存在がとても大きかったなと思います。

その方は、テレビなどの料理番組に出演されて、「日本料理は決して敷居が高いものではありませんよ。みなさんのご家庭と身近なものですよ」ということを広めることに力を注いでいました。ユーモアのセンスもあって、お茶の間の人気者でもありました。

その方と長年おつき合いをする中で、私は料理人としての方向性を見つけ、自らを日本料理の専門職人として意識を高めることができました。

考え方は、私とまったくの正反対でしたが……。

③ 料理職人として誇りを持つ

「はじめに」のところでも少しお話しましたが、私は17歳のときに福井県のあわら温泉「べにや」に入社し、料理人人生をスタートさせました。そこで日本料理の基礎をしっかり身につけたのです。

仕事場（板場）にはライバルも多く、誰が先に料理長になれるかを競い合う毎日でした。同期の誰よりも早く仕事を覚える、誰よりも手早く仕事をこなす、ということを常に意識して仕事をしていました。

その結果として、24歳で料亭「城南」の料理長に就くことになりましたが、当時は、24歳での料理長はスピード出世と言われました。

小さいお店でしたけれど、25歳で個人店舗も開業。大手料理グループの料理長やホテルの料理部長なども兼任しながらでしたが……。

47歳で本格京料理店「花かがみ」を京都清水（現在は東山区轆轤《ろくろ》町に移転）に開店し、現在に至ります。この間に、２０００人ほどの弟子たちを育て、送り出しました。

うれしいことに、弟子たちの多くが、店主になったり、料理店やホテルの料理長になったり、全国で活躍しています。

これだけ書くと、私の料理人人生は順風満帆《じゅんぷうまんぱん》で、とても幸せだったかのように思われるかもしれませんね。

しかし、決してすべてがうまくいったわけではないのです。

60年の料理人生の中では、多くの困難にぶつかり、つらい思いもたくさんしてきました。厳しい事案に直面することもたびたびでした。

ただ、どんなに苦しくても、料理人を辞めようと想ったことは一度もありません。

その理由、はっきりしています。

「料理が好きだったから」です。

料理が好きだったから、私はいくつもの困難に突き当たってもくじけず、逃げずに前進することができたのだと思います。料理人の仕事は自分に向いているといつも思っていて、頑張れば頑張るほど仕事が楽しくなっていったのです。

自分が頑張った分、結果もついてきました。

同時に、日本料理の職人としての誇りも持てるようになったのです。

私がここで言いたいのは、「自分の信じた道を楽しんでほしい」ということ。

ぜひ、自分の舌と感覚と技を信じて、お客様にご満足いただける料理を作ることを楽しんでください。

楽しんで料理を作ることを意識して仕事をしていけば、必ず道は開けます。

そして仕事に前向きに取り組むうちに、自然と料理人としての誇りも持てるようになってきますよ。

「好きこそ物の上手なれ」ということですね。

おわりに――苦しい時ほど、初心にかえる

私の思う「初心」とは、夢や希望や理想を持ったときのことではありません。初めての仕事として調理場や店舗の掃除や洗い物を任され、時間に追われ、段取りも悪く、まだバタバタとして過ごした時期のことです。

諸先輩に時間の短縮方法や段取りのつけ方など、細かく教えてもらったこと、親方に、やさしく声をかけられ、初めてうまいものに出会えたときなどを思い出してください。

花板として、大先輩として、また、料理長として、今活躍していられるのも、あのときに諸先輩方から教わり、必死に仕事を覚えようとしていた時期があったからなのだと思うことこそ「初心を忘れずに」です。

そして、みなさんには、この後どんな苦しいことに直面しても、「初心」を思うことで頑張る原動力とするように心がけてほしいのです。

もちろん自分の毎日の仕事も大変でしょうが、みなさんがお店や板場を仕切る立場になったときのために、新人や後輩には、積極的に細やかに教えてあげられる心を常に養っていってください。

前にもお話しましたが、私が料理の道に進んだのには、祖母の後押しがあったからです。当時はなかなか手に入らないような食材が入ったりすると、私に「おいしいよ、食べてごらん」といって、実にうまい味つけで調理したものを食べさせてくれました。

おいしいものは人を笑顔にし、幸せにするのだと、子供のころに感じました。「俺はうまいものを作れる人になろう」と思い、この世界に飛び込んだのです。ですから、今でもうまいものは大好きですよ。

昔は、料理の世界に入りたての新人は板場（調理場）での洗い物、掃除、洗濯、ゴミ捨て、荷下ろし、食器の種分けなど、どんな仕事も修業でした。料理長になってからもさらなる修業を重ねたものです。

しかし、時代が変わってきています。今は、「○○店に就職し、働く」。これでいいのです。

私が本書で若いみなさんに託した「7つの教え」は、ぜひ覚えておいてください。「料理人としての心構え・知識」「日本食の奥深さ」などについて意識を持つことをお話してきましたが、料理人として成功するためには一つとして欠かすことのできない教えなのです。

幸いなことに、年々世界中から日本へやってくる外国の方々が増え、日本食への評価もさらに高まっています。おいしさだけではなく、美しさや食文化に対して真摯に取り組んできた料理人の技術が評価されているのです。そして、その技術を支えているのがこの7つの教えです。

国内外を問わずに日本食を喜んで食べていただく。そのためにもまず修めるべきは、「技術」よりも「意識」なのです。

この7つの教えは料理の世界以外でも、きっと役に立つヒントがいっぱいあるはずですから。

人生は出会いです。誰といつ出会い、どのように係わって来たかによって人生は大きく変わります。いい出会いがあれば、自分の成長にも大きな影響を与えてくれるはずです。

豊かな歩みが出来ているのも出会いがあったからです。ですから、自分を大切に思うのと同じように、自分の周りの人たちを大切にすることが大事です。

みなさんの目の前にはたくさんのチャンスがあります。それぞれに自分に合った道を見つけて、しっかりと一歩一歩進んでください。

みなさんのご活躍を期待しています。

麻生　繁

麻生　繁（あそうしげる）

全日本調理師協会名誉副会長。

和空間「花鏡」西陣　京料理「花かがみ」のオーナー。

京都生れ。子供の頃、祖母の手伝いで料理を作り、料理に興味を抱く。

1965年にあわら温泉「べにや」に入社。

1972年に料亭「城南」の料理長に就任後、（株）大和屋グループ「京都 坂口」の料理長に就任、さらに滋賀県ロイヤルオークホテル和食料理部長を経て、
1983年に京都翔庖会を発会し初代会長に就任。

1995年に京料理「花かがみ」を清水に開業。

1999年に全日本調理師協会の三代目会長に就任する。

自由民主党総裁賞、京都市長賞、滋賀県知事賞、
京都知事表彰など数々の賞、表彰を受ける。

全日本調理師協会会長としてユネスコ無形文化遺産登録に際し力を尽くす他、世界に向けて日本の食文化普及にも力を注いでいる。

後進の指導育成に定評があり、多くの新人・見習いを料理人として育てており、現在までに巣立っていった2000人程の弟子たちは各地で活躍している。

料理人として活躍するための

至高の座学

技術よりも大事な７つの教え

2025 年 4 月 30 日　第 1 刷発行

著者　麻生 繁

制作　水谷 和生（有限会社ケイ）

デザイン　デザインルームミューズ

発行人　永田 和泉

発行所　株式会社イースト・プレス
〒101-0051　東京都千代田区神田神保町 2-4-7 久月神田ビル
TEL 03-5213-4700 FAX 03-5213-4701
https://www.eastpress.co.jp

印刷所　中央精版印刷株式会社

ISBN978-4-7816-2409-9